M

LE GATT

nouvelle édition

Éditions La Découverte
9 *bis*, rue Abel-Hovelacque
75013 Paris
1994

Le logo qui figure au dos de la couverture de ce livre mérite une explication. Son objet est d'alerter le lecteur sur la menace que représente pour l'avenir de l'écrit, tout particulièrement dans le domaine des sciences humaines et sociales, le développement massif du photocopillage.

Le code de la propriété intellectuelle du 1er juillet 1992 interdit en effet expressément la photocopie à usage collectif sans autorisation des ayants droit. Or, cette pratique s'est généralisée dans les établissements d'enseignement supérieur, provoquant une baisse brutale des achats de livres, au point que la possibilité même pour les auteurs de créer des œuvres nouvelles et de les faire éditer correctement est aujourd'hui menacée.

Nous rappelons donc que toute reproduction, partielle ou totale, du présent ouvrage est interdite sans autorisation de l'auteur, de son éditeur ou du Centre français d'exploitation du droit de copie (CFC, 3, rue d'Hautefeuille, 75006 Paris).

Si vous désirez être tenu régulièrement informé de nos parutions, il vous suffit d'envoyer vos nom et adresse aux Éditions La Découverte, 9 *bis*, rue Abel-Hovelacque, 75013 Paris. Vous recevrez gratuitement notre bulletin trimestriel **A la Découverte**.

© Éditions La Découverte, Paris, 1993, 1994.
ISBN 2-7071-2247-5

Introduction

Alors que les organisations économiques internationales attirent généralement assez peu l'attention des non-spécialistes, le GATT fait l'objet de nombreuses publications et son rôle soulève des débats assez vifs. L'une des raisons de cet intérêt peut être trouvée dans les retards apportés à la conclusion du cycle de négociations multilatérales ouvert à Punta del Este en 1986 et qui aurait dû s'achever en 1990. Les rebondissements de l'Uruguay Round ont sans doute été plus spectaculaires que ne l'aurait été une négociation s'achevant dans les délais prévus. Une autre explication de cette notoriété réside dans la nature des sujets abordés : même si les arcanes de la protection non tarifaire ne peuvent passionner que des spécialistes, la libéralisation des échanges internationaux est un thème parlant pour un grand public. Mais l'opinion la plus répandue n'est pas favorable à une telle libéralisation : bien au contraire, la protection contre les produits en provenance de l'étranger apparaît comme une mesure évidente pour sauvegarder l'emploi national.

Le GATT a été créé pour assurer une diminution des barrières aux échanges internationaux : c'est une institution spécifique qui a pour objet d'établir le libéralisme dans les relations internationales, au travers de procédures contractuelles. Mais c'est une institution très particulière : le GATT n'est en fait qu'un traité signé en 1947 par 23 nations, de nombreuses autres ayant adhéré depuis, et non une organisation comparable au Fonds monétaire international, par exemple.

L'histoire du GATT est celle d'une réussite, d'abord par le nombre de nations adhérentes (114 en décembre 1993) et le volume du commerce mondial couvert (90 % du commerce mondial de marchandises), mais aussi par l'extension de son domaine : l'Uruguay Round a abordé de nouvelles questions comme le commerce international des services, les mesures relatives aux investissements directs à l'étranger ayant un impact sur les échanges ou encore les droits de la propriété intellectuelle. L'histoire du GATT est aussi celle d'un échec, relatif mais durable, par exemple dans le domaine agricole avec les difficultés rencontrées depuis 1955 pour faire entrer ces échanges dans la loi commune ou encore pour faire respecter, dès le milieu des années quatre-vingt, les règles auxquelles les nations ont choisi d'adhérer.

Pour comprendre cette histoire, il faut garder présente à l'esprit la tension qui existe toujours entre les enseignements de l'analyse économique, qui conduisent à privilégier les situations où les échanges internationaux sont les plus libres possible et les réclamations des citoyens et des firmes touchés par la concurrence étrangère. Cette tension rejaillit bien évidemment sur le fonctionnement du GATT où les représentants des États défendent les intérêts de leurs nations, ce qui passe souvent par la mise en accusation du comportement des autres. Elle conduit de plus en plus le GATT à n'être qu'un lieu d'enregistrement des conflits entre les nations et non plus un forum de définition de règles assurant que les échanges internationaux se déroulent harmonieusement.

Cependant, l'histoire du GATT montre qu'une telle évolution n'est pas un aboutissement obligatoire : il existe une possibilité de réforme et la conscience des intérêts communs des nations échangistes peut s'imposer. L'autre branche de l'alternative est un retour du protectionnisme, et les expériences historiques ont montré le caractère néfaste de cette politique.

I / Les politiques commerciales avant le GATT

La création d'institutions spécialisées ayant pour but de libéraliser les échanges internationaux est récente, au regard de l'histoire des relations économiques internationales. Pour une large part, elle s'explique par les enseignements tirés des désordres qu'a connus l'économie mondiale dans l'entre-deux-guerres. Afin de comprendre pourquoi de telles institutions se sont imposées à un moment du temps, il est nécessaire de se placer dans une perspective de long terme. L'étude des politiques commerciales depuis le début du XIXe siècle révèle qu'il n'y a pas de tendance lourde orientée dans un sens, le protectionnisme laissant par exemple progressivement la place au libre-échange. Bien au contraire, il existe des cycles marqués par l'affaiblissement ou par le renforcement du protectionnisme, qui peuvent être rapprochés des fluctuations générales de l'activité économique.

En règle générale, les périodes de récession favorisent la montée du protectionnisme, alors que celles d'expansion sont plus favorables au libre-échange. Dans les deux cas, il existe une rétroaction des politiques commerciales sur l'activité économique, la protection renforçant la récession et le libre-échange nourrissant la croissance. Ce point peut être mis en évidence par l'histoire des politiques commerciales au XIXe siècle, puis dans la première moitié du XXe siècle.

1. Libre-échange et protectionnisme au XIXe siècle

Dans le stade de développement antérieur au capitalisme, l'existence d'entraves aux mouvements des marchandises entre les nations est la règle commune, pour des raisons diverses. D'une part, le régime de la liberté économique est, à l'intérieur même des États, contradictoire avec les structures des pouvoirs politiques. D'autre part, l'Ancien Régime pousse aux barrières douanières pour des raisons budgétaires : les taxes prélevées sur les importations sont l'un des impôts les plus faciles à établir et à prélever. La question du libre-échange ne commence donc à se poser qu'au XIXe siècle et les auteurs classiques fournissent une démonstration des avantages que cette politique apporte aux nations.

L'argument essentiel, qu'exprime sous sa forme la plus précise David Ricardo, est double : le libre-échange permet la spécialisation internationale et conduit les pays échangistes à disposer, grâce aux échanges, de plus de biens qu'en autarcie (voir [1], p. 45-46)* mais, de surcroît, le libre-échange permet d'éloigner la perspective de la stagnation. Pour Ricardo, en effet, le développement économique se traduit par la mise en culture de nouvelles terres moins productives afin de produire les biens consommés par les travailleurs, ce qui augmente la rente perçue par les propriétaires fonciers de terres de meilleure qualité. A long terme, cette augmentation de la rente diminue la part du surproduit disponible pour les profits, ce qui conduit à la stagnation. L'importation des produits agricoles consommés par les travailleurs permet de contrecarrer cette tendance.

Ce principe, remis en cause ultérieurement par d'autres auteurs, permet de comprendre l'importance des débats qui entourent la question de la politique commerciale au XIXe siècle qui connaît la succession de deux phases : à la marche vers le libre-échange, qui s'effectue du début du siècle jusqu'aux années 1880, succède, à la fin de la période, le retour au protectionnisme.

---

* Les chiffres entre crochets renvoient à la bibliographie en fin d'ouvrage.

L'adoption du libre-échange

La suppression des barrières aux échanges internationaux se diffuse parmi les grandes puissances à partir de l'exemple britannique ; elle gagne ensuite notamment la France et l'Allemagne.

• *Le libre-échange en Grande-Bretagne.* — Si la Grande-Bretagne est libre-échangiste au XIXe siècle, c'est parce qu'elle est la nation qui occupe une part prépondérante dans la production et dans les échanges mondiaux (le Royaume-Uni effectue 18 % des échanges mondiaux en 1850, voir [1], tab. 2, p. 11). Le pays dominant ainsi l'économie mondiale a tout intérêt à être libre-échangiste, afin de se procurer les importations au plus faible coût (celles-ci n'étant pas concurrentes de produits domestiques) et d'assurer à ses produits le plus large marché. L'idée que cet exemple puisse être contagieux est présente chez ses instigateurs. Robert Peel, alors Premier ministre de Grande-Bretagne, prononce en 1846 un célèbre plaidoyer en faveur du libre-échange qui contient cette phrase : « Faisons confiance à l'opinion publique dans les autres pays et ne doutons pas que notre exemple, avec la preuve des bienfaits concrets que nous en retirons, permettra dans un avenir proche la généralisation des principes qui fondent notre action. » (Cité *in* [2], p. 28.)

Mais ce qui est vrai au niveau macroéconomique l'est moins au niveau sectoriel. En effet, à la suite de la révolution industrielle, les prix de revient de l'industrie anglaise sont alors les plus faibles au monde, ce qui assure le succès mondial des produits de cette activité sans aucune tentation protectionniste. En revanche, la situation est différente pour l'agriculture : alors que les industriels ont intérêt à ce que les produits agricoles qui leur servent de matière première entrent aux prix les plus faibles, mais aussi à ce que les prix des biens de subsistance consommés par les ouvriers soient maintenus au plus bas, les agriculteurs ont intérêt à ce que leur production soit protégée de la concurrence étrangère.

L'importance de l'électorat rural en Grande-Bretagne a fait du débat sur l'abrogation des *Corn Laws* (c'est-à-dire un ensemble de lois protégeant les producteurs de blé avec notamment, en 1815, l'instauration d'une taxe sur les importations qui permet de maintenir le cours des céréales) un enjeu politique considérable pendant la première moitié du XIXe siècle. En raison de la part que représentent les produits du blé dans l'alimentation de l'époque, les répercussions attendues d'une abolition des *Corn Laws* sont très importantes. En effet, les importations de blé jouent un rôle décisif dans la consommation alimentaire : elles permettent, dans les années 1840, de nourrir entre 10 % et 15 % de la population des îles Britanniques alors même qu'existe cette protection, ce qui permet de penser qu'en l'absence de barrières protectionnistes leur part serait beaucoup plus importante (voir [3], p. 75). Un groupe libéral s'est d'ailleurs constitué en 1838 sous l'influence de Richard Corden avec comme unique programme l'abolition des *Corn Laws*. Cette abolition sera obtenue en 1846 sous le gouvernement de Robert Peel, plus sans doute sous la pression des faits (les famines irlandaises de 1845-1846) que sous celle de l'*Anti-Corn Law League* (voir [3], *ibid.*).

Globalement, il est possible de considérer la Grande-Bretagne comme un pays libre-échangiste à partir de cette date, même si les dernières entraves au commerce international ne vont vraiment disparaître qu'à partir de 1860.

• *Les politiques commerciales des grandes nations continentales.* — Les principales nations européennes suivent, avec leurs particularités, le mouvement lancé par le Royaume-Uni. Les cas de l'Allemagne et de la France méritent examen.

L'Allemagne présente une situation originale, puisqu'il s'agit d'un pays qui se constitue à partir de principautés indépendantes, caractérisées par des règles de fonctionnement proches de la féodalité, avec ce que cela implique comme entraves aux échanges. Sous l'impulsion de la Prusse, une série d'accords douaniers sont signés qui aboutissent, en 1833, au *Zollverein* (association douanière) en vigueur à compter du 1er janvier 1834. L'objectif de cette association est le libre-échange, mais un libre-échange limité aux pays membres. En effet, si désormais tous les droits sur les marchandises circulant au sein du *Zollverein* sont abolis, cette union douanière débouche sur un tarif douanier unique à l'encontre de tous les États extérieurs. L'expérience alle-

Le traité franco-anglais de 1860

Ce traité, négocié secrètement entre Richard Cobden (l'un des défenseurs du libre-échange en Angleterre au sein de l'école de Manchester) et Michel Chevalier (auteur saint-simonien, tenant du libre-échange), représente à la fois le couronnement de la politique libre-échangiste du Royaume-Uni et le début du libre-échange pour la France. Alors que la Grande-Bretagne n'a à supprimer que les restrictions aux importations de vins et d'articles de luxe, notamment les soieries, la France va supprimer les prohibitions et limiter les droits de douane sur le charbon et l'acier britanniques, mais aussi sur les produits manufacturés (textile, outils, machines).

Cet accord n'a pu être élaboré qu'en raison de la prérogative impériale de signer les traités : l'opinion française et tout particulièrement les industriels ont très mal accueilli la libéralisation des échanges à tel point que, faisant référence à l'instauration du second Empire par Napoléon III en 1852, certains ont parlé de « nouveau coup d'État » (voir [4], p. 156).

Le traité de 1860 a eu un impact important, d'une part, parce qu'il contient la clause de la nation la plus favorisée (toute concession allant au-delà des avantages consentis par le traité qui est accordée à un pays tiers par l'un des contractants est automatiquement répercutée sur le partenaire) et, d'autre part, parce qu'il a servi de modèle à d'autres traités bilatéraux signés par la France (avec la Belgique et le *Zollverein* en 1862, l'Italie en 1863, la Suisse en 1864, etc.) et même par le Royaume-Uni, pourtant déjà libre-échangiste (avec la Belgique en 1862, l'Italie en 1863, le *Zollverein* et l'Autriche en 1865).

---

mande est donc celle de la constitution d'une zone de libre-échange qui reste relativement protégée de l'extérieur, même si une série de traités passés après 1860 (avec la France en 1862, avec la Grande-Bretagne en 1865) conduit à une libéralisation provisoire des échanges.

La France apparaît comme un pays fondamentalement protectionniste dans toute la première moitié du XIXe siècle. Les tentatives de libéralisation de la Restauration tournent court en 1816-1818 avec l'instauration d'un tarif douanier sévère (prohibition des importations de cotonnades, droit de 50 % sur les importations de fer) (voir [4], p. 136). La volonté d'ouvrir l'économie française aux échanges extérieurs ne commence à se manifester que dans les années 1850 et trouve sa concrétisation dans le traité de libre-échange de

1860 avec la Grande-Bretagne (voir encadré). L'impact précis du traité sur l'économie française fait l'objet de débats contradictoires. En définitive, les conséquences du libre-échange semblent assez faibles : l'industrie française n'a pas été surclassée par les produits britanniques, contrairement aux craintes exprimées à l'époque (voir [5], p. 66-68).

Le retour du protectionnisme

La fin du XIXe siècle est marquée par un retour du protectionnisme qui touche de manière inégale les nations entre 1880 et 1913 ; trois pays seulement restent à l'écart de ce mouvement : il s'agit de la Grande-Bretagne, de la Hollande et du Danemark (voir [3], p. 84). L'explication de cette remise en cause du libre-échange réside dans de nombreux facteurs. Parmi ceux-ci, il est possible de distinguer l'influence de doctrines favorables au protectionnisme et des facteurs strictement économiques, liés à la crise de 1873-1879.

• *La défense du protectionnisme.* — Si la théorie ricardienne a érigé le libre-échange en principe, d'autres courants n'ont cessé d'insister sur les effets positifs du protectionnisme. L'un des auteurs les plus influents en ce sens est l'auteur allemand Frédéric List qui publie, en 1841, le *Système national d'économie politique* (une analyse détaillée de la théorie de List se trouve *in* [6], p. 294-321). Le fondement de son argumentation se trouve dans la comparaison qu'il fait des situations de l'Allemagne et de la Grande-Bretagne : pour que la première, en retard par rapport à la seconde, puisse développer une industrie nationale, il est indispensable de protéger ses producteurs qui, autrement, seront balayés par la concurrence britannique. Son argument se ramène donc à la promotion de ce que List appelle l'éducation industrielle de la nation, argument passé à la postérité sous les termes du protectionnisme éducateur et de « l'industrie dans l'enfance ». En termes modernes, la théorie de List peut être exposée en utilisant le concept de rendements d'échelle croissants : les industriels britanniques, lancés les premiers dans la production, ont atteint la taille minimale optimale qui permet de produire aux coûts les plus faibles ; pour que les industriels allemands puissent rivaliser avec eux, il leur est indispensable de disposer d'un marché intérieur protégé sur lequel ils pourront se développer. Lorsque leur niveau de production et leur expérience seront suffisants, ils pourront alors seulement lutter à armes égales avec les producteurs britanniques.

List ne plaide donc pas pour un refus total du libre-échange : selon lui, la protection ne doit concerner que l'industrie, pour des pays nouveaux venus sur la scène internationale, et le protectionnisme ne doit être maintenu que pendant la durée nécessaire pour permettre à ces nations de combler leur retard industriel par rapport aux puissances dominantes.

Le raisonnement de List emprunte à deux sources : le *Rapport sur les manufactures*, fait par Alexander Hamilton au Congrès américain en 1791, où est exposée l'idée de la protection de l'industrie naissante, ainsi qu'une analyse des faits relatifs à la réussite du protectionnisme américain et au développement de l'industrie allemande lors du Blocus continental. Il va inspirer un auteur américain, Henry Carey, qui publie en 1858 et 1859 les *Principes de la science sociale*, où est défendu un protectionnisme plus extrême que celui de List, puisqu'il doit être étendu à l'ensemble des secteurs, durable et vigoureux.

Il est difficile d'évaluer l'impact de ces idées, en tant que telles, sur le retour au protectionnisme ; il est en revanche possible de les considérer comme un témoignage du refus du libre-échange par des parties importantes de l'opinion qui retrouvent souvent, de manière naïve, les arguments défendus par Hamilton, Carey et List.

• *Protectionnisme et crise*. — La survenance de crises économiques pousse les opinions publiques à réclamer des mesures protectionnistes et incite les gouvernements à répondre à ces pressions. C'est ce qui explique, dans le dernier quart du XIXe siècle, que les principales nations aient érigé des barrières douanières, sans pour autant que l'on retourne au *statu quo* du début du siècle. En règle générale, la protection mise en place ne concerne pas la totalité de l'économie, mais un secteur donné. Ainsi, dans le cas français, les échanges internationaux se sont dégradés de manière très significative pour les produits agricoles. L'exemple du blé est sans doute le plus révélateur : les importations françaises de blé, négligeables dans la période 1851-1860, représentent 10 % de la production en 1871-1880 et 19 % en 1888-1892 (voir [4], p. 161). La tension qui en résulte dans le secteur conduit en 1885 à l'instauration d'une taxe d'environ 15 % sur les importations, taxe qui sera relevée ultérieurement *(ibid.)*

Cette logique trouve son aboutissement en 1892 avec l'instauration par la France d'un nouveau tarif douanier (le tarif de 1881 a déjà relevé, dans une modeste mesure, les droits sur les produits finis), dit tarif Méline, du nom de l'homme politique qui a fédéré les industriels menacés par la concurrence allemande et les agriculteurs. La démarche est nouvelle : les traités de commerce entre la France et ses partenaires sont dénoncés. Un tarif à deux niveaux est instauré. Le tarif minimal est applicable aux échanges avec les nations qui consentent des conditions identiques aux exportations françaises, alors que le tarif général règle les autres cas.

Le renforcement du protectionnisme prend à cette période une forme qui se manifestera ultérieurement : celle de guerres de tarifs entre les nations qui se livrent à une escalade dans la protection.

2. Le protectionnisme dans l'entre-deux-guerres

La Première Guerre mondiale est à l'origine d'un repliement des nations sur elles-mêmes, avec des restrictions aux importations liées notamment à la nécessité de disposer des devises indispensables pour l'achat des armements. Pour autant, le retour à la paix ne conduit pas au désarmement douanier, bien au contraire. Ce mouvement sera amplifié avec le déclenchement de la crise de 1929.

La sortie de guerre

Les bouleversements apportés par le traité de Versailles à la carte de l'Europe avec la création des nouveaux États en Europe centrale conduisent les nations naissantes à se protéger de la concurrence étrangère menaçante pour des appareils productifs désorganisés. Par ailleurs, l'absence des nations européennes dans le commerce mondial pendant les quatre années de guerre a favorisé la naissance de nouveaux producteurs, comme l'Australie et l'Argentine, qui vont se protéger dès 1919 (voir [3], p. 185-186). Dans les années vingt, ce mouvement s'étend aux principales nations européennes, le désordre monétaire international fournissant une incitation supplémentaire à restreindre les flux commerciaux internationaux. Le protectionnisme d'alors innove en utilisant, parallèlement aux droits de douane, de nombreuses restrictions quantitatives, comme les licences d'importation, les prohibitions diverses ou encore les quotas.

Ce mouvement général connaît un coup d'arrêt en 1927 lorsque la Société des Nations organise une conférence mondiale qui recommande la diminution des droits de douane et l'abolition des restrictions quantitatives, mais le nationalisme économique renaît avec la crise de 1929.

Le protectionnisme et la crise de 1929

L'escalade protectionniste se manifeste dès le début de la crise de 1929 et se poursuit, pour l'essentiel, sur la totalité de la période 1929-1939 ; ainsi, en 1939, environ la moitié du commerce mondial est concernée par des barrières tarifaires (voir [3], p. 215).

Les étapes de ce mouvement de généralisation de la protection pour les principaux pays sont les suivantes : en juin 1930, les États-Unis adoptent le tarif Smoot-Hawley, qui conduit à une augmentation très sensible des droits de douane sur la plupart des produits industriels qui peuvent voir leurs prix aux États-Unis presque doubler (le tarif prévoit des droits de douane allant jusqu'à 90 %). Les exportations européennes vers les États-Unis et particulièrement celles en provenance de l'Allemagne sont très affectées par ces mesures qui vont donc contribuer à accroître la dépression.

En mars 1932, la Grande-Bretagne, qui était restée libre-échangiste (au début des années trente, des droits de douane n'étaient prélevés que sur 13 % de la valeur des importations ; voir [3], p. 216) bascule dans le protectionnisme. La loi de mars 1932 établit un droit général de 10 % sur la valeur des importations, avec quelques exceptions (les produits provenant de l'Empire et certains biens, essentiellement des matières premières et des produits agricoles). Ces mesures sont aggravées en avril 1932 de manière différenciée : les droits généraux sur les produits manufacturés passent à 20 % et peuvent aller jusqu'à 33 %.

La politique française, identique sur le fond (accroissement des droits de douane en 1931), innove dans les moyens de la protection en utilisant des restrictions quantitatives, tout d'abord dans le domaine des produits agricoles. Cette technique offre des possibilités supérieures de protection des secteurs nationaux concernés, puisqu'elle établit administrativement la part de marché laissée aux producteurs étrangers ; quel que soit le niveau de leurs prix, l'entrée sur le marché ainsi protégé devient impossible au-delà de la quotité fixée. Les quotas se généralisent rapidement : à la fin de 1932, onze nations utilisent cet instrument (voir [3], p. 216).

Les échanges internationaux dans cette période sont également perturbés par l'effondrement du système monétaire international, le *Gold Exchange Standard*, avec l'abandon de la convertibilité de la livre sterling en 1931 et le flottement des monnaies. Une partie des restrictions aux échanges qui sont alors imposées a pour but essentiel de défendre les monnaies et non de protéger les producteurs nationaux.

L'escalade protectionniste lors de la crise de 1929, illustrée ici par le cas de trois des principaux pays, peut être expliquée par deux raisons différentes. La première a la nature de mesures de rétorsion : c'est là l'effet direct du protectionnisme qui conduit un pays partenaire à prendre des contre-mesures lorsque ses exportations sont atteintes. La seconde, en revanche, trouve son origine dans l'impact général des politiques protectionnistes : celles-ci sont prises pour atténuer l'impact de la crise dans une nation, en cherchant à remplacer les importations par une production nationale. Ce faisant, elles étendent l'impact de la crise aux nations échangistes qui cherchent, à leur tour, à se protéger, dans un mouvement qui ne peut que s'autorenforcer. C'est la prise de conscience de ce mécanisme qui conduit, après la Seconde Guerre mondiale, à mettre en place de nouvelles institutions destinées à éviter le retour de telles situations.

II / L'institution GATT

Le GATT (*General Agreement on Tariffs and Trade* ou Accord général sur les tarifs douaniers et le commerce) est né après la Seconde Guerre mondiale, dans un contexte général qui est celui des créations institutionnelles internationales destinées à construire un système économique mondial fonctionnant harmonieusement. Dans cet ensemble d'institutions nouvelles, le GATT occupe une place originale en raison de ses objectifs, de ses structures et de ses principes de fonctionnement.

1. Le GATT et les autres institutions

Avant même la fin de la Seconde Guerre mondiale, les principaux États se préoccupent du rétablissement du système économique mondial. Pour assurer une sortie de guerre qui évite les problèmes créés en 1918, l'idée de la coopération internationale s'impose avec force, d'autant plus que les États-Unis sont devenus hégémoniques. Trois grandes questions doivent être réglées pour que l'économie mondiale puisse sortir de la guerre et des désordres antérieurs dans de bonnes conditions.

C'est tout d'abord la question des taux de change : comment fixer les parités lorsque les transactions internationales reprendront, mais aussi quel choix faire en matière d'ajustement de ces parités ? C'est ensuite celle de la remise en état des économies partiellement ou totalement détruites par les hostilités : comment financer leur reconstruction ? C'est enfin celle de l'organisation des échanges internationaux de marchandises : comment éviter les replis protectionnistes de l'entre-deux-guerres ?

Pour répondre à chacune de ces questions, les nations alliées mettent en place, dès 1944, des institutions internationales originales.

Le Fonds monétaire international

Les problèmes liés au système monétaire international sont réglés par le FMI (Fonds monétaire international), créé par les accords de Bretton Woods en juillet 1944, signés par les 44 nations alliées. Parmi les compétences du FMI, la plus importante est la gestion des taux de change : le but est d'éviter les ajustements trop brutaux des économies nationales (voir [7]). Le système monétaire international mis en place par ces accords repose sur un principe général : la fixité des parités des devises et la coopération des nations.

Concrètement, cela implique, contrairement à ce qui a pu se passer dans les années trente, que les nations ne peuvent plus manipuler librement la définition internationale de leur monnaie et, en particulier, qu'il leur est impossible de se livrer à des dévaluations compétitives grâce auxquelles une nation cherche à obtenir un avantage sur ses partenaires en faisant baisser fortement la valeur de sa monnaie, alors même que sa situation économique ne le justifie pas.

Les parités officielles des monnaies sont définies en poids d'or ou en dollars (ce qui revient au même puisque la parité du dollar à l'or est fixée à 35 dollars l'once) et leurs cours ne peuvent s'écarter de plus de 1 % de la parité officielle, ce qui suppose des interventions des banques centrales sur le marché des changes afin de faire respecter les différentes parités (voir [7], p. 36). Le changement d'une parité est possible, mais il s'agit d'une exception ayant pour but de « corriger un déséquilibre fondamental », seion les termes de l'accord de Bretton Woods.

*La Banque internationale pour la reconstruction
et le développement*

La Banque internationale pour la reconstruction et le développement a été créée parallèlement au Fonds monétaire international lors de la conférence de Bretton Woods. Son rôle est complémentaire à celui du FMI : alors que ce dernier est concerné par le court terme, la BIRD a pour objectif initial d'aider les économies dévastées par la guerre à financer des projets productifs. Rapidement, la reconstruction européenne est sortie, de fait, de son champ de compétences (ce sont les États-Unis, avec le plan Marshall, qui ont rempli cette fonction) et le financement du développement est devenu sa fonction unique. La BIRD et la Société financière internationale (créée en 1956) constituent la Banque mondiale.

*La Charte de La Havane
et l'Organisation internationale du commerce*

Dès le début des années quarante, les États-Unis ont défendu l'idée du retour à un commerce international fondé sur le libre-échange à la fin des hostilités. Les accords passés avec les Alliés pendant la guerre font référence à ce principe et Franklin Delano Roosevelt évoque explicitement, en février 1945, la nécessité de compléter les accords de Bretton Woods par la création d'une organisation ayant pour but de réduire les obstacles aux échanges internationaux de marchandises (voir [8], p. 10).

Les réflexions de l'administration américaine et les contacts avec les principales nations concernées vont prendre la forme, d'une part, au sein de l'ONU (créée par la charte de San Francisco en juin 1945), d'un projet pour mettre en place l'Organisation internationale du commerce et, d'autre part, d'une proposition de conférence internationale ayant pour but une réduction multilatérale des obstacles aux échanges internationaux. Les deux démarches, menées parallèlement, ont abouti, pour la première, à la « charte instituant une organisation internationale du commerce », adoptée en mars 1948 lors de la conférence de La Havane

L'échec de l'Organisation internationale du commerce

L'OIC (Organisation internationale du commerce) aurait dû être une institution spécialisée rattachée à l'ONU et fonctionnant selon les mêmes principes. Sa non-création est exclusivement le fait des États-Unis, pourtant à l'origine du projet, pour des raisons de politique intérieure. En décembre 1945, les États-Unis invitent d'autres nations à négocier un accord multilatéral pour la réduction des droits de douane et, en février 1946, un des organes de l'ONU adopte une résolution décidant d'une conférence en vue de rédiger la charte de l'OIC. Les États-Unis élaborent un projet de charte, et une réunion préparatoire se tient à Londres en octobre 1946. Quatre réunions conduisent à un projet détaillé examiné à la conférence de Genève d'avril à novembre 1947 (la charte de l'OIC est le premier point étudié, les deux autres parties de la conférence étant consacrées à la négociation des baisses de tarifs douaniers, puis à l'élaboration des clauses générales relatives aux obligations en matière de tarifs).

Cette négociation sur l'OIC va faire l'objet d'un conflit de compétences entre le Congrès et le président, le premier estimant que le second n'a pas le pouvoir d'engager seul les États-Unis dans l'adhésion à l'OIC. La conférence de Genève va donc séparer la première partie des négociations des deux autres, ces dernières devenant le GATT, et la première étant une simple élaboration d'un texte, examiné à la conférence de La Havane où la charte de l'OIC est adoptée le 24 mars 1948. Ce texte n'a jamais été adopté par le Congrès des États-Unis : le président Truman est démocrate alors que le Congrès est majoritairement républicain. A cette opposition politique s'ajoute le fait qu'en 1948 les impératifs liés à la sortie de guerre sont loin des préoccupations du moment, avec le développement de la « guerre froide » entre les États-Unis et le bloc soviétique, et que le texte de la charte n'apparaît pas assez libéral aux membres du Congrès. A la fin de 1950, l'exécutif des États-Unis déclare officiellement ne plus vouloir chercher l'accord du Congrès, ce qui met définitivement fin au projet.

Source : [8], p. 15-22 ; [9], p. 32-34.

---

convoquée par le Conseil économique et social de l'ONU et, pour la seconde, à un accord général sur les tarifs douaniers et le commerce, à l'issue d'une négociation entre 23 nations qui s'est déroulée d'avril à octobre 1947 à Genève.

Des revirements divers d'opinion aux États-Unis sont à l'origine de la non-ratification de la charte de La Havane (une analyse détaillée des oppositions se trouve dans [8],

p. 20-22) ; l'Organisation internationale du commerce ne verra donc jamais le jour, alors que l'accord de Genève va s'institutionnaliser, devenant le GATT (pour éviter les confusions, le terme GATT fera référence à l'institution et celui d'Accord général (ou de traité) renverra au traité de Genève lui-même).

2. Les structures du GATT

Les conditions particulières de la naissance du GATT expliquent son originalité : il s'agit d'un simple accord signé initialement entre 23 pays et qui, en raison de l'échec de la création de l'Organisation internationale du commerce, a été pérennisé, de nouvelles nations adhérant à cet accord au fil du temps. L'Accord général s'est concrétisé par un traité de 38 articles qui exposent les principes directeurs de la libéralisation des échanges qu'il a pour but de promouvoir. Avant d'examiner le contenu du traité, il est nécessaire d'expliciter les conditions d'adhésion au GATT et de présenter les instances qui assurent son fonctionnement.

Les nations adhérant au GATT

Puisque le GATT n'est pas à strictement parler une organisation internationale, il ne compte pas de membres, mais des « parties contractantes », c'est-à-dire des nations qui adhèrent à l'Accord général. En fait, le GATT représente un ensemble de nations qui ont des obligations et des droits différents selon leur degré d'adhésion à l'Accord général.

Pour devenir partie contractante, une nation doit présenter sa candidature et négocier avec les pays signataires de l'Accord général des concessions en matière de droits de douane et d'accès aux marchés ; ces négociations, si elles aboutissent, sont sanctionnées par un vote des parties contractantes qui doit accorder ce statut à la majorité des deux tiers. Le processus étant long, une nation peut être admise à titre provisoire (cela a été le cas de la Tunisie qui a accédé au GATT à titre provisoire en novembre 1959 et n'est devenue partie contractante qu'en août 1990). En décembre 1993, 114 nations sont parties contractantes. Un nombre important de nations qui sont devenues parties contractantes le doivent à l'article XXVI.5 qui facilite l'accès au GATT de territoires douaniers autrefois sous tutelle d'une nation elle-même partie contractante. Cette procédure s'est, par exemple, appliquée en 1993 à la République tchèque et à la Slovaquie, les deux États successeurs de la Tchécoslovaquie.

A côté des parties contractantes et, éventuellement, des nations admises à titre provisoire, il existe des nations qui appliquent *de facto* l'Accord général, sans en avoir toutes les contraintes et, réciproquement, sans que les parties contractantes soient tenues de respecter toutes les obligations de l'Accord général à leur égard. En 1993, 27 nations, qui sont des pays en voie de développement, se trouvent dans cette position.

Enfin, il existe des nations qui obtiennent un statut encore moins contraignant : celui d'observateur. Les pays qui ont ce statut peuvent assister aux séances du Conseil du GATT, reçoivent les documents et, éventuellement, peuvent prendre part aux débats. Ce statut avait été accordé en mai 1990 à l'Union soviétique, qui avait présenté sa demande comme un premier stade avant de demander son adhésion au GATT (*GATT Focus*, n° 71, mai 1990). La Fédération de Russie a repris, en décembre 1991, ce statut ; parallèlement, cinq nouvelles républiques de l'ancienne URSS, l'Estonie, la Moldova, le Turkménistan, d'une part, l'Arménie et l'Ukraine, de l'autre, ont obtenu le statut d'observateur en juin 1992 pour les trois premières et en juillet 1992 pour les deux dernières.

Les instances du GATT

Le GATT est une institution très légère comparativement aux organisations internationales classiques. Si l'on remonte de la base au sommet, il est possible de distinguer les parties contractantes, qui se réunissent en session une fois par an, le Conseil, le directeur général. Il s'agit là d'instances permanentes, alors que des groupes d'étude ont une existence plus ponctuelle.

• *Les sessions des parties contractantes*. — Les parties contractantes se réunissent en session chaque année ; cette session correspond à une réunion de plus en plus formelle, le véritable travail s'effectuant en fait au sein du Conseil (voir *infra*). Une session correspond donc à une assemblée générale dans laquelle sont prises les décisions, chaque nation signataire du traité ayant une voix. Les décisions, selon les questions traitées, sont prises soit à la majorité simple des voix exprimées, soit à la majorité des deux tiers. Les questions nécessitant la majorité qualifiée sont notamment (voir [8], p. 27) l'adhésion de nouveaux États, l'autorisation de déroger à l'Accord général, l'approbation des unions douanières ou encore la révision du traité. Cependant, la pratique tend à favoriser la recherche de consensus et donc à éviter des votes formels (voir [9], p. 49-50). Le GATT fonctionne donc, de fait, sous le principe de l'unanimité, ce qui évite les dérives connues à l'ONU (existence de majorités automatiques), mais conduit à des négociations parfois longues et difficiles sur certains dossiers.

Chaque session élit son bureau qui reste en fonction jusqu'à la session suivante. Il comporte, outre le président et les vice-présidents des parties contractantes, le président du Conseil du GATT (voir *infra*) et le président du Comité du commerce et du développement (c'est l'un des principaux comités permanents du GATT).

• *Le Conseil du GATT*. — Le Conseil a été créé par une résolution des parties contractantes datant de 1960 ; il comprend des représentants de toutes les parties contractantes intéressées. En pratique, il n'y a donc aucune différence entre la composition du Conseil et la liste des parties contractantes. Il s'agit simplement d'une instance moins formelle qui se réunit en principe tous les mois et qui effectue l'essentiel du travail (voir [9], p. 48). Il prépare les textes qui seront ensuite adoptés par les sessions des parties contractantes. Par ailleurs, c'est le Conseil qui examine les politiques commerciales des nations adhérant au traité, selon un dispositif mis en place en 1989.

En effet, le Conseil du GATT a adopté en avril 1989 la décision portant création du *mécanisme d'examen des poli-*

tiques commerciales. Cette décision découle des négociations entreprises dans le cadre de l'Uruguay Round (voir *infra*); elle a pour objectif de faciliter le fonctionnement de l'Accord général en instaurant une transparence accrue des politiques commerciales. L'examen s'effectue sur la base de deux rapports, l'un fourni par le pays concerné et l'autre établi par le secrétariat du GATT; ces deux rapports, après examen par le Conseil du GATT, sont publiés avec le compte rendu de la réunion du Conseil. Cet examen se déroule selon une périodicité variable selon les pays : tous les deux ans, pour les quatre entités commerçantes les plus importantes en termes de parts du marché mondial (la CEE est comptée pour une); tous les quatre ans, pour les 16 suivantes; et tous les six ans pour les autres.

• *Le directeur général et le secrétariat.* — A la tête de l'administration du GATT se trouve, à l'origine, un secrétaire général, devenu par la suite directeur général. Ce poste s'est révélé très important en raison du rôle d'arbitre qu'a fréquemment assuré le directeur général, notamment lors des négociations commerciales (voir [8], p. 28-29). Les nominations s'effectuent selon le principe général de fonctionnement du GATT, c'est-à-dire par consensus, même si des oppositions préliminaires se manifestent entre des candidats représentant des groupes de nations différents (on retrouve ici l'opposition habituelle entre pays développés et pays en développement). Le GATT a connu une très grande stabilité à sa tête; Eric Wyndham White, de nationalité britannique (anobli en 1968), a assuré cette fonction de 1948 à 1968 et n'a eu que trois successeurs : Olivier Long (de nationalité suisse) de 1968 à 1979; de 1980 à 1993, Arthur Dunkel (de nationalité suisse) et enfin, depuis le 1er juillet 1993, Peter Sutherland (de nationalité irlandaise).

En 1991, le secrétariat du GATT a été restructuré et comprend, outre le directeur général, un directeur général adjoint, deux sous-directeurs généraux et des directeurs en charge de divisions (correspondant à des secteurs, par exemple l'agriculture, ou à des questions transversales, comme les tarifs douaniers). Un troisième poste de sous-directeur général a été créé en 1993 afin de permettre d'accroître la représentation des pays en développement dans les instances dirigeantes du GATT.

Les effectifs de fonctionnaires du GATT sont faibles, comparativement à ceux des organisations internationales, puisqu'ils sont inférieurs à 500. Par ailleurs, des experts sont fréquemment sollicités pour l'étude de dossiers. Il faut signaler que le secrétariat du GATT joue un rôle particulier en organisant des stages et des séminaires de formation à la politique commerciale à destination de fonctionnaires de pays en développement. Ce programme a permis de former, entre 1955 et 1993, 1 294 fonctionnaires de 118 pays en développement (voir *GATT Focus*, n° 96, janvier 1993, p. 8).

Par ailleurs, le secrétariat du GATT assure la réalisation et la diffusion d'études relatives au commerce international, aux négociations et aux politiques commerciales. Outre l'examen des politiques commerciales déjà évoqué, la principale publication est le rapport annuel sur les tendances du commerce mondial intitulé *Le Commerce international*. Elle constitue la base d'informations la plus complète et la plus fiable : chaque rapport offre notamment un rappel des statistiques sur une période de dix ans et des « matrices du commerce mondial » (des tableaux croisés ventilant exportations et importations d'un pays ou d'un groupe de pays par origine et destination), ce qui en fait un instrument de travail irremplaçable.

3. Le fonctionnement du GATT

L'objectif de l'Accord général est présenté ainsi par le GATT, dans un encadré qui figure fréquemment dans le bulletin d'information du GATT, *GATT Focus :* « Assurer la sécurité et la prévisibilité de l'environnement commercial international pour les milieux d'affaires et un processus continu de libéralisation du commerce qui soit propice au développement de l'investissement, à la création d'emplois et à l'expansion des échanges. Le système de commerce multilatéral contribue ainsi à la croissance économique et au développement au niveau mondial. » Après avoir présenté les obligations des parties contractantes, il sera possible d'étudier les exceptions à l'Accord général, puis de se pencher sur les méthodes de travail du GATT.

Les obligations des parties contractantes

Le traité comprend deux catégories différentes d'obligations : les premières constituent ce que John Jackson, l'un des meilleurs spécialistes de l'analyse juridique des relations internationales, appelle les « obligations centrales » et sont contenues dans la partie I, alors que les autres, regroupées dans la partie II, constituent un « code de conduite » en matière de commerce international (voir [9], p. 40).

• *Les obligations centrales.* — Les deux premiers articles de l'Accord général établissent deux obligations fondamentales pour les parties contractantes : les nations qui adhèrent à l'Accord général doivent consentir à toutes les autres la clause de la nation la plus favorisée (cette obligation est contenue dans l'article I) et elles doivent consentir des concessions tarifaires aux autres, c'est-à-dire limiter les droits de douane imposés aux importations en provenance des nations signataires de l'Accord général (cette obligation découle de l'article II du traité).

Les deux obligations prises ensemble résument toute la philosophie de l'Accord général et permettent de comprendre son fonctionnement. L'Accord général n'a pas pour but d'instaurer le libre-échange, du moins dans un avenir proche ; il cherche, en revanche, à libéraliser les échanges entre toutes les parties contractantes. La clause de la nation la plus favorisée permet ainsi de passer du bilatéralisme (deux nations se consentent des avantages mutuels, mais continuent de se protéger à l'égard des autres) au multilatéralisme (toutes les parties contractantes bénéficient des abaissements de tarifs établis lors de négociations bilatérales).

• *Le code de conduite.* — Les nations signataires de l'Accord général s'engagent à ne pas prendre un certain nombre de mesures qui auraient pour résultat de créer des entraves au commerce international ; en effet, comme nous le verrons dans le chapitre suivant, le protectionnisme peut être mis en place en utilisant de nombreux autres moyens que les droits de douane ou les restrictions quantitatives que les expériences historiques ont permis de mettre en évidence (voir chapitre I). Fondamentalement, il s'agit de créer les conditions d'un « commerce loyal » (le *fair trade* très fréquemment invoqué à l'encontre des pratiques qui aboutissent à un *unfair trade*, c'est-à-dire un commerce déloyal).

Les obligations figurant dans le code de bonne conduite peuvent être justifiées par deux principes qui président implicitement à leur élaboration : les droits de douane sont l'instrument de politique commerciale le plus visible et celui qui se prête le mieux aux négociations ; les restrictions quantitatives au commerce international sont plus nuisibles que les droits de douane.

Les principales obligations des parties contractantes sont les suivantes :
— ne pas établir de discrimination entre les producteurs nationaux et les exportateurs vendant sur le marché national (art. III) ;
— ne pas pratiquer le *dumping*, c'est-à-dire ne pas vendre un bien exporté à un prix inférieur à celui pratiqué sur le marché domestique (art. VI) ;
— prohiber les mesures de restriction quantitative aux échanges (art. XI), avec toutefois des exceptions (déficit grave de la balance des paiements, mesure d'urgence pour remédier à un préjudice grave causé par une augmentation des importations, cas particulier des marchés agricoles dans le contexte d'une politique de résorption des excédents) ;
— réglementer les subventions (art. XVI). Ainsi, les subventions à l'exportation des produits industriels sont interdites, celles à l'exportation de produits de base sont tolérées sauf si elles conduisent l'État à occuper une part non équitable dans le commerce du produit concerné, alors que celles à la production sont autorisées, sous réserve qu'elles ne créent pas de préjudice aux autres nations (auquel cas un pays lésé peut instaurer des droits compensateurs).

Les exceptions aux obligations

L'Accord général correspond à une codification des principes du libre-échange ; dans l'absolu, si l'ensemble des nations respectaient les obligations exposées ci-dessus, les échanges entre les parties contractantes tendraient effectivement à une libéralisation parfaite de leur commerce international. Cependant, les situations concrètes ont conduit les nations signataires du traité à aménager ces principes dans des cas précis, correspondant à des produits spécifiques, des groupes de nations ayant des caractéristiques particulières ou encore à des groupes de nations ayant conclu entre elles des accords de libre-échange.

• *Les produits bénéficiant de règles exceptionnelles.* — Le champ d'application de l'Accord général concerne l'ensemble des produits ; *a contrario*, cela signifie donc que les services en sont, en tant que tels, exclus. Cependant, les négociations qui se sont ouvertes dans le cadre de l'Uruguay Round en septembre 1986 ont pour but, entre autres, d'étendre aux services les principes du GATT ; c'est d'ailleurs un des points sur lesquels buttent les négociations (voir *infra*). L'enjeu est important, puisque le commerce mondial de services a un volume approximativement égal au cinquième du commerce mondial de marchandises.

Un autre groupe de produits, bien que relevant du champ du GATT, connaît un traitement original ; il s'agit des produits agricoles. Les règles qui s'appliquent au commerce international des produits de l'agriculture sont si éloignées des principes du GATT que, s'il faut en croire Jackson, certains auteurs ou praticiens sont persuadés que ces derniers ne leur sont pas applicables (voir [9], p. 44). Les problèmes liés à ce secteur sont très anciens : dès 1949, le Congrès des États-Unis est à l'origine d'une législation introduisant des restrictions aux importations de produits laitiers, contrairement aux principes du GATT (voir [8], p. 78). Les États-Unis n'ont pas donné suite aux demandes d'abrogation de cette réglementation qui, en définitive, a été autorisée comme mesure exceptionnelle (il s'agit d'une dérogation, ou *waiver* dans la terminologie du traité) en 1955 par les parties contractantes. Cette dérogation a fait l'objet de nombreuses critiques et a conduit d'autres gouvernements à recourir à des pratiques identiques sans y être autorisés par le GATT (voir [9], p. 44). De plus, le secteur agricole est sans aucun doute l'activité pour laquelle les gouvernements versent le plus de subventions, selon des pratiques contraires aux principes du GATT. Comme pour les services, même si l'enjeu est quantitativement moins important puisque le commerce mondial de produits agricoles est inférieur à 15 % du commerce de produits, l'un des buts de l'Uruguay Round est de soumettre ce secteur aux principes de l'Accord général.

Le dernier grand secteur qui connaît un régime particulier est celui du textile. Ce secteur est soumis, depuis 1961, à une série de dispositions qui le placent en dehors des règles communes ; un accord de court terme a été élaboré pour 1961 et 1962, qui a laissé la place à des accords de long terme de 1962 à 1973 avant d'être remplacé par des accords multifibres (AMF). La chronologie des AMF est significative : à l'AMF I, conclu en 1974, a succédé l'AMF II établi en 1978, remplacé par l'AMF III depuis 1982. L'AMF III, prévu initialement jusqu'en 1986, a été étendu jusqu'en 1991, puis prorogé pour dix-sept mois à compter du 1er août 1991 « en comptant que les résultats de l'Uruguay Round entreraient en vigueur immédiatement après » (*GATT Focus*, n° 83, août 1991, p. 12) et maintenu en vigueur pour douze mois du 1er janvier au 31 décembre 1993, puisque l'Uruguay Round n'est pas terminé (*GATT Focus*, n° 96, janvier 1993, p. 88). Depuis 1974, c'est donc la cinquième fois que cet accord (qui couvre environ 80 % des exportations mondiales de textiles et de vêtements) est prorogé. Cet accord constitue un cadre dans lequel les pays industrialisés, importateurs des produits textiles, négocient des contingentements avec les pays exportateurs, principalement des pays en développement.

Le fondement de l'AMF est clair : les pays industrialisés sont inquiets des exportations provenant de pays à bas salaires qui risquent de faire disparaître leur industrie nationale dans ce secteur. Il s'agit donc d'une remise en cause fondamentale des principes du libre-échange qui a pour conséquence importante d'empêcher les pays en développement de développer leurs exportations dans des activités qui leur sont facilement accessibles (disponibilité d'une main-d'œuvre qualifiée dans ces productions, faible degré de complexité des machines nécessaires). Par ailleurs, il est possible de s'interroger sur le coût de ces mesures pour les consommateurs des pays développés : pour les États-Unis, le coût de la sauvegarde d'un emploi, par an, est estimé à 50 000 dollars en 1984, alors que le salaire moyen aux États-Unis dans ce secteur est, la même année, de 13 400 dollars (voir [1], p. 84). L'origine des accords de limitation des importations dans le textile remonte, selon Jackson, à des engagements de John F. Kennedy dans sa campagne électorale pour l'élection présidentielle de 1960 (voir [9], p. 182). La pérennité de cette exclusion du commerce de textiles et vêtements du champ de l'Accord général est tout à fait exceptionnelle.

• *Les nations bénéficiant de règles exceptionnelles.* — Si les pays en développement sont directement affectés par les restrictions aux importations découlant de l'AMF, ils bénéficient par ailleurs de dispositions dérogatoires aux principes du GATT. Dès la signature de l'Accord général, les pays en développement représentent une part significative des parties contractantes (11 sur 23 ; voir [8], p. 96) et, puisque le GATT tend à l'universalisme dans les années quatre-vingt-dix, dépassent largement les deux tiers des parties contractantes. Or, les pays en développement considèrent que les principes libéraux du GATT jouent en leur défaveur. C'est ainsi que les thèses sur le « protectionnisme éducateur » de List (voir *supra*, p. 10) rencontrent un écho très favorable dans ces nations, et l'article XVIII du traité leur reconnaît la possibilité de relever leurs droits de douane pour protéger les industries naissantes. En 1957, le GATT a confié à un groupe d'experts dirigé par Gottfried Haberler l'étude des problèmes posés par l'application des règles de l'Accord général aux pays en développement. Le rapport, rendu en 1958, concluait à l'adaptation de ces règles pour les pays en développement, mais il n'a eu que peu d'effets (voir [8], p. 99-100).

Les dérogations les plus importantes en faveur des pays en développement consenties par le GATT découlent de

La CNUCED et le GATT

La CNUCED (Conférence des Nations unies pour le commerce et le développement) est un organe subsidiaire de l'Assemblée générale des Nations unies qui, dans ses divers travaux, prône l'idée d'un nouvel ordre économique fondé sur des relations plus équitables entre pays en développement et pays industrialisés. Étant totalement indépendante du GATT, elle ne peut qu'émettre des suggestions qui, pour devenir des réalités, doivent être intégrées dans les cycles de négociations ou faire l'objet d'un agrément par les parties contractantes. L'histoire des cycles montre que l'intégration des demandes des pays en développement s'effectue avec de très grandes difficultés, ce qui est à l'origine de tensions permanentes au sein du GATT.

l'action de la CNUCED (Conférence des Nations unies sur le commerce et le développement) qui, lors de sa première réunion en 1964, a évoqué le principe d'un traitement différentiel des pays en développement. La partie IV de l'Accord général, ajoutée en 1964, va dans ce sens, en exemptant les pays en développement de l'obligation de réciprocité : il leur est possible de s'accorder mutuellement des avantages non étendus aux pays développés. Cependant, cette possibilité n'existe pas dans le commerce entre les pays en développement et les pays développés : ces derniers ne sont pas inclus dans ces exceptions au principe de non-discrimination. Ainsi, il n'est pas possible de consentir aux pays en développement un accès plus facile aux marchés des pays industrialisés en baissant les droits de douane prélevés sur les biens qu'ils exportent.

Cette idée, formalisée dans le SGP (système généralisé de préférences) adopté par la 2e CNUCED en 1968, est tout à fait contradictoire avec le premier principe de l'Accord général, la clause de la nation la plus favorisée. En effet, les pays en développement peuvent, avec le SGP, bénéficier d'avantages tarifaires qui ne sont pas étendus aux autres nations échangistes. Il a donc fallu, en 1971, que soit prise une décision de dérogation par les parties contractantes afin de permettre aux nations signataires de mettre en œuvre le SGP dans le cadre de l'Accord général.

La situation juridique actuelle dans ce domaine est d'une confusion extrême (voir [9], p. 278-279) : la dérogation établie en 1971 ne l'était que pour une période de dix ans. En 1979, à la fin des négociations du Tokyo Round, les parties contractantes ont adopté une déclaration permettant de maintenir ce traitement différentiel, sans qu'il s'agisse formellement d'une nouvelle dérogation.

Les pays à économie centralement planifiée ont également bénéficié d'un régime particulier, trois d'entre eux ayant adhéré au traité sans faire partie des membres fondateurs : la Pologne en 1967, la Roumanie en 1971 et la Hongrie en 1973 (par ailleurs, Cuba et la Tchécoslovaquie sont devenues parties contractantes dès l'origine du GATT, mais étaient à l'époque des économies de marché). Sans entrer dans les détails, il faut simplement signaler que les protocoles d'accession au GATT pour ces pays comportaient des dispositions particulières (voir [8], p. 90-93).

• *La constitution de zones de libre-échange ou d'unions douanières.* — Lorsque des nations se regroupent pour constituer une zone de libre-échange ou une union douanière, comme c'est le cas notamment de la CEE ou, plus récemment de l'ALENA (Association de libre-échange du nord de l'Amérique, ou NAFTA selon l'acronyme anglais) qui concerne le Canada, les États-Unis et le Mexique, le principe de la nation la plus favorisée est violé : les pays membres de la zone font disparaître les droits de douane entre eux, mais n'étendent pas cette disposition à l'ensemble de leurs coéchangistes. L'Accord général offre, dans son article XXIV, la possibilité de créer de telles zones, à la double condition que ces accords préférentiels ne conduisent pas à augmenter les barrières douanières contre les non-participants et que les barrières internes soient totalement supprimées, pour l'essentiel des échanges et dans un délai raisonnable. La première condition est de loin la plus importante, en raison de la crainte que les zones de libre-échange ou les unions douanières ne s'érigent en « forteresses ».

Pour être accepté, un accord de libre-échange ou d'union

douanière doit subir une investigation afin d'établir s'il respecte les principes mentionnés ci-dessus. C'est ainsi que lors de la quarante-huitième session des parties contractantes, tenue les 2 et 3 décembre 1992, la Finlande a fait savoir que les accords de libre-échange conclus avec les trois pays baltes étaient appliqués à titre provisoire en attendant leur ratification par les pays concernés. Les parties contractantes ont constitué un groupe de travail chargé d'examiner ces arrangements (voir *GATT Focus*, n° 96, janvier 1993, p. 7). Une analyse rétrospective des instructions menées par le GATT dans le cadre de l'article XXIV indique que son application a été laxiste. En particulier, l'exigence de la suppression totale des barrières pour l'essentiel des échanges n'est véritablement remplie que pour la CEE, les autres accords régionaux excluant au moins les produits agricoles (voir [19]).

Les méthodes de travail du GATT

Pour décrire les méthodes de travail du GATT, il est indispensable de distinguer deux moments différents : celui du fonctionnement quotidien et de l'instruction des plaintes formulées par une partie contractante contre une autre à l'occasion d'un différend commercial et celui des cycles de négociations, les *rounds*.

• *Le règlement des différends.* — Lorsqu'une nation considère que des mesures prises par une autre partie contractante vont à l'encontre des principes du GATT, l'article XXIII établit la procédure à suivre. Dans un premier temps, il doit y avoir des négociations bilatérales entre les parties concernées ; en cas d'échec, les parties contractantes auront à trancher la question, à la suite d'une investigation qui est confiée à un groupe de travail (qui comprend les parties concernées à côté d'autres nations) ou à un groupe d'experts, un *panel*. Ces experts sont choisis parmi des représentants de nations non concernées par le différend ou parmi des fonctionnaires spécialisés ; ils instruisent la plainte et tentent d'obtenir un arrangement. En cas d'échec, un rapport est remis aux parties contractantes (voir [8], p. 34-35).

Seules les parties contractantes peuvent alors prendre des

Le différend Canada-États-Unis relatif à la bière

Le commerce international de la bière entre le Canada et les États-Unis est l'objet de différends entre les deux pays dans les années quatre-vingt-dix, alors même que ces deux nations sont impliquées dans un processus de création d'une zone de libre-échange. Le point de départ réside dans une plainte des États-Unis, qui, après l'échec des consultations bilatérales, conduit le Conseil du GATT, le 6 février 1991, à établir un groupe spécial pour examiner le conflit.

Au Canada, les régies des alcools des différentes provinces ont le monopole de l'importation des boissons alcooliques et assurent leur distribution auprès des fournisseurs. Un fournisseur qui souhaite vendre un produit doit d'abord obtenir une inscription au catalogue de la régie. Les prix de détail comprennent, outre les taxes et droits de douane fédéraux, des taxes, majorations et frais de services provinciaux imposés par les régies des alcools. Ces majorations, frais et prescription sont parfois appliqués de manière différente aux bières importées et d'origine nationale.

Les États-Unis ont demandé au groupe spécial de constater qu'un certain nombre de pratiques concernant la bière importée étaient contraires à l'Accord général, notamment les articles III (traitement national) et XI (élimination des restrictions quantitatives).

Le groupe spécial a jugé une partie de ces mesures comme effectivement incompatibles avec l'Accord général et a recommandé, dans son rapport présenté aux deux parties le 18 septembre 1991, que les parties contractantes demandent au Canada: a) de prendre les mesures pour que, dans ses provinces, les régies des alcools observent les dispositions de l'Accord général, et b) de rendre compte aux parties contractantes des mesures prises avant la fin de mars 1992 pour certaines d'entre elles et avant la fin de juillet 1992 pour les autres.

Ce rapport a été soumis à la 47ᵉ session des parties contractantes en décembre 1991 et a été adopté par le Conseil du GATT le 18 février 1992.

Pendant le déroulement de ce processus, le Canada a, de son côté, introduit une action contre les États-Unis, qui conduit le Conseil du GATT en mai 1991, à établir un groupe spécial chargé d'étudier les mesures appliquées par les États-Unis, au niveau fédéral et au niveau des États, aux importations de bière, de vin et de cidre. Les deux points en cause sont: a) l'introduction d'un droit d'accise fédéral sur la bière différent entre les productions locales et les importations (18 dollars par baril, mais seulement 7 dollars par baril pour les 60 000 premiers barils produits par les petites brasseries des États-Unis), et b) les pratiques des États qui traitent de manière différente les productions locales et les importations de boissons alcoolisées. L'Australie, la CEE et la Nouvelle-Zélande, qui exportent également aux États-Unis, ont fait des communications au groupe spécial pour appuyer la plainte du Canada.

La plainte du Canada est fondée sur la violation de l'article III du GATT, conclusion à laquelle abou-

> tit le groupe spécial qui recommande aux États-Unis de mettre les mesures appliquées au niveau fédéral en conformité avec les obligations qui découlent du traité général. Le Conseil du GATT a adopté ce rapport en juin 1992. Lors de la 48ᵉ session des parties contractantes, en décembre 1992, le Canada s'est inquiété d'un retard possible de la mise en œuvre, au niveau des États, de ce rapport. Les États-Unis ont assuré que des consultations intensives se poursuivaient avec le Congrès et avec les administrations des États pour que le rapport soit appliqué.
>
> *Source:* GATT Focus, nᵒˢ 88 (mars 1992, p. 7), 90 (mai 1992, p. 2), 96 (janvier 1993, p. 7).

mesures, qui vont de simples recommandations à l'autorisation, dans des cas graves, de suspendre les obligations du GATT à l'égard de la nation responsable du trouble. Dans la pratique, les conclusions du groupe de travail ou des experts sont presque toujours suivies par les parties contractantes. Les données précises sur les suites des rapports ne peuvent pas aisément être collectées. Toutefois, selon une synthèse réalisée par Jackson au milieu des années quatre-vingt, sur 117 cas ayant donné lieu à la désignation d'un groupe d'experts, les recommandations des experts n'ont pas été suivies que 8 ou 10 fois, au maximum (voir [9], p. 101). En revanche, leur application par les nations n'est pas sans poser problèmes, comme le montre le cas du conflit entre les États-Unis et le Canada à propos de la bière (voir encadré).

Les rapports publiés par le GATT au titre de l'examen des politiques commerciales des parties contractantes permettent de faire le bilan des actions introduites au titre de l'article XXIII. Les cas des États-Unis et de la CEE permettent de dégager deux tendances intéressantes (voir tableau I).

La première est celle de l'accroissement très significatif du nombre de plaintes déposées dans les années quatre-vingt. Ce mouvement touche les États-Unis comme l'Europe, mais il est beaucoup plus marqué pour les plaintes dirigées contre les États-Unis. Ceux-ci sont devenus, dans les années quatre-vingt, la partie contractante qui a reçu le plus grand nombre de plaintes, avec 29 plaintes, suivis par la CEE (22 plaintes), le Japon (13 plaintes) et le Canada (6 plaintes). De même, ce sont les États-Unis qui ont déposé le plus de plaintes dans cette décennie, avec 23 plaintes, suivis par la CEE

Tableau I. — Nombre de plaintes déposées par (ou contre) les États-Unis et la CEE au titre de l'article XXIII

	1950-1959	1960-1969	1970-1979	1980-1989	1990-1991*
États-Unis					
Plaintes déposées par les États-Unis	4	4	15	23	6
Plaintes déposées contre les États-Unis	4	0	1	29	5
CEE					
Plaintes déposées par la CEE		0	2	21	0
Plaintes déposées contre la CEE		4	11	22	3
* Pour la CEE, 1990.					

Source : GATT, *Examen des politiques commerciales, États-Unis*, Genève, juillet 1992, vol. I, tab. VI, I, p. 233 et VI, 2, p. 238 ; et GATT, *Examen des politiques commerciales. CEE*, Genève, juin 1991, vol. I, tab. VI, I, p. 280 et VI, 2, p. 281.

(21 plaintes) et le Canada (12 plaintes). Les conflits commerciaux soumis au GATT tendent donc à se concentrer entre les éléments de la « triade », l'ensemble États-Unis-Canada, la CEE et le Japon.

La seconde tendance est relative aux suites données à ces plaintes. L'information n'est pas disponible pour les États-Unis, mais dans le cas de la CEE, huit sur onze des groupes spéciaux établis depuis 1960 à la demande de la CEE se sont prononcés en sa faveur. En ce qui concerne les plaintes déposées par les autres parties contractantes, les 14 décisions rendues ont mis en question au moins certaines des mesures communautaires attaquées. Ces données indiquent que les plaintes correspondent à de véritables infractions aux règles du GATT et ne sont pas une composante d'une stratégie de nations qui tenteraient de créer artificiellement des tensions dans le cadre de négociations.

• *Les cycles de négociations commerciales.* — Puisque l'objectif essentiel du GATT est d'assurer une libéralisation continue des échanges internationaux, il est nécessaire de mettre en place une procédure permettant aux parties contractantes de négocier dans ce domaine. La solution retenue est l'organisation de cycles de NCM (négociations commerciales multilatérales ou *rounds*) dans lesquels des concessions tarifaires faites par une partie contractante à une autre sont généralisées grâce à la clause de la nation la plus favorisée. C'est ainsi que les négociations de Genève, en 1947, ont donné naissance au GATT (voir *supra*) ; cependant, au fil du temps, les cycles de négociations sont devenus de plus en plus longs et complexes dès lors que celles-ci ne portent plus à titre essentiel sur les droits de douane mais sur les barrières non tarifaires (voir [10]). Ces aspects sont examinés en détail dans les chapitres V et VI ci-dessous.

Par ailleurs, les accords issus du Tokyo Round ont conduit le GATT à mettre en place des comités qui administrent les accords (voir chapitre IV, *infra*) ; ces comités ont souvent leur propre mécanisme de règlement des différends et se réunissent en principe seulement deux ou trois fois par an. En revanche, en 1991, la multiplication des procédures de conciliation ou de règlement des différends a contraint des comités à tenir des réunions extraordinaires pour examiner les plaintes (*GATT Focus*, n° 84, septembre 1991). Les comités concernés sont celui des subventions et des mesures compensatoires, celui des marchés publics et celui des pratiques antidumping.

III / Les instruments du protectionnisme et leurs effets

Les expériences historiques évoquées dans le chapitre I ont permis de constater que les nations peuvent jouer sur des instruments différents pour protéger leur marché national des importations. Afin de comprendre certaines dispositions du GATT, mais aussi la nature des affrontements contemporains entre les parties contractantes, il est nécessaire d'analyser les instruments de la politique commerciale et leurs effets sur les nations. La grande distinction traditionnelle oppose les barrières tarifaires, c'est-à-dire les droits de douane, aux barrières non tarifaires, c'est-à-dire... tout le reste. Les différentes barrières ont des effets particuliers sur les économies, même si, dans certains cas, il est possible de calculer le droit de douane équivalent à telle ou telle mesure, en raison de la nature des perturbations apportées au jeu de la concurrence entre les importations et les productions nationales.

1. Les droits de douane

Les droits de douane sont la modalité la plus ancienne du protectionnisme, en raison de leur caractère de recette fiscale. Ils peuvent revêtir plusieurs formes, selon la manière dont ils renchérissent le prix des importations. Le résultat classique de l'analyse économique, obtenu sous des hypothèses restrictives, est que l'instauration de droits de douane détériore le bien-être d'une économie.

Les différents droits de douane

La taxe qui est perçue sur l'importation d'un bien peut se présenter sous deux formes différentes :
— le tarif spécifique est un droit fixe par unité de bien importée (par exemple, 3 francs par baril de pétrole) ;
— le tarif *ad valorem* est un pourcentage de la valeur du bien importé (par exemple, 20 % du prix d'une automobile).

Dans les deux cas, l'effet est le même : le prix des biens importés est renchéri sur le territoire national et les productions nationales sont favorisées (la concurrence des importations devient moins forte). Pour comprendre l'impact de ce renchérissement, il est nécessaire de raisonner en termes de coûts et de bénéfices des consommateurs et des producteurs.

Coûts et bénéfices liés à un tarif douanier

Une représentation graphique aide à rendre compte de l'impact d'un droit de douane sur l'économie nationale qui l'impose (voir graphique 1). Le cas le plus simple à analyser est celui où le droit de douane est un droit spécifique, d'un montant t et où la nation qui impose le droit de douane est un « petit pays », c'est-à-dire un pays dont la part dans la consommation mondiale est suffisamment faible pour que sa variation n'ait aucun impact sur le prix des importations (cette hypothèse est identique à celle faite pour les firmes dans un marché de concurrence pure et parfaite).

Avant son instauration, les biens sont importés au prix p_m, le prix mondial, après leur prix devient $p_m + t$. Puisque des biens sont importés, au prix p_m, le marché du bien n'est pas en équilibre : les courbes d'offre et de demande se coupent à un prix supérieur à p_m, ce qui est la conséquence d'une offre nationale O_1 insuffisante au prix p_m pour satisfaire la demande D_1.

Le passage au prix $p_m + t$ a un double effet : l'offre nationale augmente, passant de O_1 à O_2, alors que la demande nationale diminue en passant de D_1 à D_2. Le résultat de ces deux mouvements en sens opposés est une contraction du volume des importations qui passent de $(D_1 - O_1)$ à

($D_2 - O_2$), puisque les importations sont égales à la demande nationale non satisfaite par les producteurs nationaux.

GRAPHIQUE 1. — L'EFFET D'UN DROIT DE DOUANE

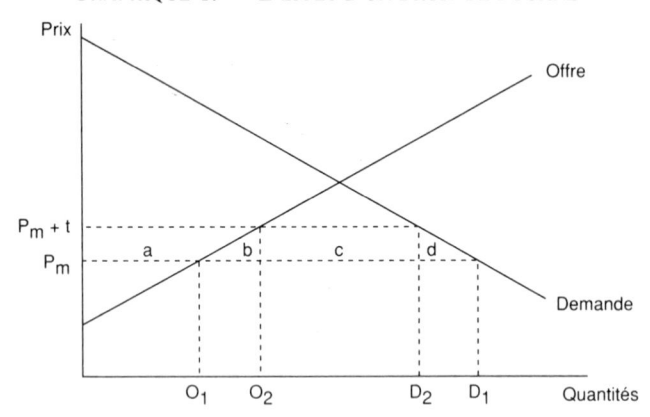

Les conséquences de l'instauration du tarif sur l'économie nationale sont de sens opposés pour les deux catégories d'agents économiques composant la nation : les producteurs voient leur situation s'améliorer, puisqu'ils peuvent vendre leurs produits à un prix plus élevé, alors que les consommateurs connaissent une détérioration de leur position. Pour apprécier exactement le résultat global, l'analyse économique raisonne en termes de bien-être national, somme du bien-être des agents économiques. Plus précisément, ce sont les notions de surplus des consommateurs et de surplus des producteurs qui sont utilisées.

Pour comprendre la notion de surplus des consommateurs, il est possible de retenir un cas simple, celui où chaque consommateur n'achète qu'une unité du bien sur le marché. Supposons qu'au prix p un seul consommateur soit prêt à acheter le bien ; au prix p' (inférieur à p), deux consommateurs demandent le bien. Si la transaction se fait au prix p', le premier réalise donc une économie, puisqu'il acceptait de payer p. On peut généraliser cette idée en posant que, pour chaque prix inférieur au prix initial, il existe un (ou plusieurs) consommateur(s) qui obtient le bien à un prix inférieur à ce qu'il était disposé à payer pour acheter le bien. Le surplus des consommateurs, pour un prix donné, correspond donc à la surface du triangle situé, dans le graphique 1, entre l'axe des prix, la courbe de demande et la droite parallèle à l'axe des quantités tracée au niveau du prix donné. Pour le surplus des producteurs, la définition est symétrique : pour chaque prix supérieur au prix d'origine de la courbe d'offre, les producteurs réalisent un profit supplémentaire sur les unités qu'ils étaient disposés à vendre à un prix plus faible. Le surplus des producteurs, pour un prix donné, correspond donc à la surface du triangle situé, dans le graphique 1, entre l'axe des prix, la courbe d'offre et la droite parallèle à l'axe des quantités tracée au niveau du prix donné.

Une variation du prix d'un produit entraîne donc une modification des surplus des agents économiques. Dans le cas de l'instauration d'un tarif douanier, il y a hausse du prix du bien ; le surplus des consommateurs diminue, celui des producteurs augmente.

Peut-on en conclure que les deux effets s'annulent ? Le graphique 1 permet de voir que ce n'est pas le cas : le surplus des consommateurs diminue, au total, des surfaces a + b + c + d (qui sont mesurées en unités monétaires, puisqu'elles représentent des quantités multipliées par des prix) ; le surplus des producteurs augmente de a. Par ailleurs, il faut tenir compte du fait que le rectangle c représente les droits de douane perçus par l'État : il s'agit donc simplement d'un transfert entre les consommateurs et l'État.

L'impact global du tarif douanier sur l'économie nationale peut donc être ramené à un coût net : perte des consommateurs - gain des producteurs - gain de l'État, soit (a + b + c + d) − a − c = b + d. Les deux triangles b et d représentent deux pertes particulières : b est considéré comme une perte de distorsion de production (l'instauration du tarif douanier conduit les producteurs nationaux à produire trop du bien) et c, comme une perte de distorsion de consommation (l'instauration du tarif douanier conduit les consommateurs nationaux à consommer insuffisamment du bien) (sur tous ces aspects voir [11], p. 215-229).

Cette démonstration classique, qui repose sur une hypothèse implicite de concurrence pure et parfaite, montre donc qu'un petit pays perd toujours à instaurer un tarif douanier. Si l'on abandonne cette hypothèse, il peut exister des situations particulières qui justifient cette forme de protectionnisme, mais la configuration représentée dans le graphique 1 est considérée par la théorie traditionnelle comme la règle générale. Il est intéressant de souligner que la protection tarifaire est, avec les restrictions quantitatives aux importations, la mesure protectionniste la plus visible.

2. Les restrictions quantitatives à l'importation

En dehors des tarifs douaniers, les pouvoirs publics peuvent recourir à des barrières au commerce international qui relèvent des restrictions quantitatives. Celles-ci peuvent aller de la prohibition absolue des importations à la définition de quantités de biens dont l'entrée sur le territoire national est autorisée, mais elle comprend aussi toutes les mesures de limitation de l'accès au marché national.

Les différentes formes des restrictions quantitatives

A l'exception d'interdictions relevant de l'ordre public, les prohibitions d'importations ne sont plus un moyen du protectionnisme contemporain. Il n'en a pas toujours été ainsi : la Russie de la fin du XIXe siècle interdit l'importation de rails au moment de la construction de son réseau ferré et le cas du commerce franco-britannique examiné dans le chapitre I a mis en évidence des prohibitions portant sur des articles textiles.

En revanche, les quotas, c'est-à-dire des restrictions sur les quantités importées, sont encore en usage : l'exemple de l'AMF (voir chapitre II, *supra*) le démontre. Les quotas peuvent être imposés par une nation aux importateurs ou ils peuvent être négociés ; ce dernier cas est très fréquent dans la période contemporaine, particulièrement dans les relations entre les États-Unis (ou l'Europe) et le Japon. Le secteur de l'automobile est notamment caractérisé par les RVE (restrictions volontaires aux exportations ; l'expression accord

Les restrictions volontaires d'exportations des firmes japonaises de l'automobile aux États-Unis

Avant 1970, la place des firmes japonaises de l'automobile sur le marché nord-américain est négligeable (elle passe de 0,2 % en 1964 à 4,6 % en 1970). Il existe ensuite un mouvement ininterrompu de croissance jusqu'en 1980 (voir graphique 2). S'il s'interrompt à partir de cette année-là pour plafonner aux environs de 22 % du marché intérieur, c'est parce que les entreprises japonaises ont souscrit en 1981 un accord de restriction volontaire des exportations à ce niveau.

GRAPHIQUE 2. — PART DU MARCHÉ NORD-AMÉRICAIN DE L'AUTOMOBILE DÉTENUE PAR LES IMPORTATIONS JAPONAISES, 1970-1982 (EN POURCENTAGE)

Source: d'après US International Trade Administration, *The US Auto Industry*, publication 1419, août 1983, p. 4.

Les États-Unis ont en effet fait appel à la clause de sauvegarde contenue dans l'Accord général, en invoquant les dommages résultant des importations qui ont conduit à la perte de 200 000 emplois entre 1978 et 1980 ; ce recours a été considéré comme non fondé (voir [12], p. 333).

D'après les conclusions, les difficultés enregistrées par les firmes des États-Unis dans ce secteur étaient dues à la récession de la demande et non aux importations. Pour des raisons stratégiques (les exportateurs peuvent réaliser un profit plus important sur leurs ventes avec des quotas qu'en présence de tarifs douaniers), les firmes japonaises ont néanmoins accepté de restreindre leurs exportations. Le montant global des exportations japonaises a été contingenté à 1,85 million de véhicules de 1981 à 1985, puis à 2,3 millions depuis avril 1985 ; ce montant est réparti entre les différentes firmes par le MITI. Il faut préciser qu'officiellement l'accord d'autolimitation des exportations a pris fin en 1985. Les États-Unis ont déclaré publiquement qu'ils s'opposent à ce que les Japonais continuent de restreindre les exportations d'automobiles. Le gouvernement japonais n'a d'ailleurs jamais notifié au gouvernement américain l'existence ou le niveau d'une autolimitation (voir [13], p. 119). Cependant, le volume des exportations japonaises d'automobiles vers les États-Unis est maintenu aux environs de 22 % du marché intérieur.

D'après une étude réalisée aux États-Unis, les restrictions volontaires d'exportations ont conduit, entre 1980 et 1982, à une augmentation de 851 dollars des véhicules importés et de 324 dollars pour les véhicules domestiques (voir [12], p. 333).

Les RVE se sont accompagnées d'une stratégie d'implantation des firmes japonaises aux États-Unis. Ainsi, Honda a commencé à produire des automobiles dès 1982 aux États-Unis et a réussi, en 1988, une remarquable opération publicitaire : l'exportation au Japon de voitures fabriquées aux États-Unis dans la filiale nord-américaine de Honda. Nissan a installé une usine de production en 1984, alors que la même année Toyota s'est engagée dans la coopération avec General Motors. Toutes les firmes japonaises ont ensuite suivi ce mouvement. Globalement, l'ensemble de l'industrie automobile japonaise délocalisée aux États-Unis produit, dans des filiales possédées à 100 % ou dans des entreprises conjointes, environ 10 % de la production nord-américaine qui s'ajoutent aux importations. Les barrières protectionnistes ont ainsi favorisé l'implantation de firmes étrangères qui contournent la protection par la production sur place.

---

d'autolimitation des exportations est également employée) (voir encadré).

Lorsque des RVE sont négociées, les parties concernées se mettent hors de la loi commune du GATT : la procédure normale consisterait à invoquer l'article XIX du traité général, qui permet, après accord des parties contractantes, d'imposer des droits de douane afin de sauvegarder un secteur national atteint par une montée substantielle des importations. C'est ainsi qu'en 1982 le secrétariat du GATT s'inquiète face à la montée des mesures de sauvegarde négociées directement entre les nations concernées ; d'après les données du GATT, entre 1978 et 1982, 63 mesures de sauvegarde (principalement des RVE) ont été mises en place contre seulement 19 actions invoquant l'article XIX intentées devant le GATT (étude citée *in* [2], p. 49).

L'examen de la politique commerciale des États-Unis révèle que les partenaires commerciaux des États-Unis les plus touchés par les mesures de limitation des importations sont la CEE, le Japon, la république de Corée et Taiwan, et les produits concernés l'acier et les produits sidérurgiques, les textiles et vêtements, les machines-outils. Vingt-huit pays sont parties pour des RVE avec les États-Unis pour l'acier et les produits sidérurgiques, dix pour les textiles et vêtements en dehors de l'AMF et deux pour les machines-outils (voir [13], p. 116-121). Environ 9 % des importations des États-Unis sont visés par une forme quelconque d'accord d'autolimitation (9,5 % en 1988, 9,3 % en 1989 et 8,8 % en 1990) (voir [13], p. 121).

Le contournement des règles de l'Accord général est double : d'une part, il s'agit d'accords négociés de manière bilatérale et non multilatérale et, de l'autre, ces accords instaurent des restrictions quantitatives au lieu de droits de douane, alors que le GATT vise à interdire de telles restrictions.

Au-delà des quotas et des RVE, une des formes fréquentes de limitation quantitative est la restriction de l'accès au marché intérieur pour les firmes étrangères, selon des procédures plus ou moins affichées (voir *infra*, p. 48).

Coûts et bénéfices liés à un quota

Pour étudier l'impact du quota sur l'économie qui l'instaure, il est nécessaire de distinguer deux cas. Le premier est celui où le secteur dans lequel le quota est imposé est en situation de concurrence pure et parfaite et où les droits à importer (on parle de licences d'importation) sont affectés à des importateurs nationaux qui jouent le rôle d'intermédiaires.

Le prix qui s'établit sur le marché intérieur en présence de quota est noté p_{int} sur le graphique 2, p_m représentant le prix mondial comme dans le graphique 1. Le graphique 2 montre comment, dans ce cas, le contingent a un effet identique à celui du droit de douane, à une différence importante près : l'équivalent des droits de douane, qui sont ici des rentes de quotas (ces rentes résultent de l'élévation du prix), n'est pas perçu par les pouvoirs publics, mais par les titulaires des licences d'importation. Si ceux-ci sont étrangers, le bien-être de l'économie nationale décroît non seulement des surfaces b

GRAPHIQUE 3. — L'EFFET D'UN QUOTA

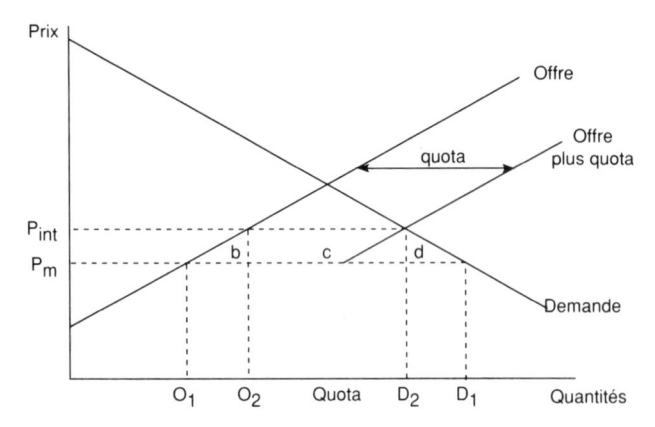

[Graphique : axes Prix / Quantités, courbes Offre, Offre plus quota, Demande ; points P_{int}, P_m ; zones b, c, d ; quantités O_1, O_2, Quota, D_2, D_1]

et d (les pertes de distorsion évoquées pour le tarif douanier), mais aussi de la surface c, la rente de quota qui est transférée à l'étranger. La situation des RVE correspond exactement à cette dernière configuration, comme l'exemple des firmes japonaises de l'automobile le démontre (voir encadré, *supra*).

L'équivalence entre un droit de douane et un quota, avec la réserve ci-dessus, est remise en cause lorsque l'on s'affranchit de l'hypothèse de concurrence pure et parfaite, parce que le quota crée une barrière infranchissable aux importations. Dans le cas d'un droit de douane, la pression des importations crée un effet de discipline sur les prix : les producteurs nationaux ne peuvent abuser de leur pouvoir de monopole en haussant les prix de manière excessive, car autrement les producteurs étrangers peuvent accroître leur part de marché. En dehors des situations de concurrence pure et parfaite, un quota produit donc plus d'effets négatifs qu'un droit de douane. Il faut enfin noter qu'en dynamique les quotas, par l'accroissement des profits réalisés par les firmes étrangères, renforcent la compétitivité des concurrents étrangers dont la nation souhaite se protéger.

3. Les normes et les mesures administratives

Lorsqu'une nation cherche à freiner l'accès de son territoire à des importations, elle dispose d'une palette de mesures administratives qui, de fait, peuvent constituer une barrière protectionniste. Parmi celles-ci, les normes nationales de qualité destinées à protéger les consommateurs peuvent jouer un rôle significatif, même s'il est difficile à quantifier.

Les règlements nationaux qui ont pour but de protéger les consommateurs sont établis dans des secteurs comme l'agroalimentaire (normes sanitaires), mais aussi l'électronique grand public, l'automobile (normes antipollution et normes de sécurité)... Les normes ainsi fixées peuvent avoir un véritable fondement de protection des consommateurs, en empêchant la vente de produits dangereux, mais, même dans ce cas, elles peuvent être détournées de leur fin initiale. Il suffit pour cela que la spécification du produit considéré comme respectant la norme corresponde aux seules qualités des productions nationales et, sans qu'il soit nécessaire de prendre de mesure explicite, les importations sont impossibles.

C'est ainsi qu'un conflit célèbre a opposé la France à l'Allemagne à propos de la définition de la bière dans les années quatre-vingt. Un édit allemand du XVIe siècle définit la composition de la bière et elle diffère des pratiques des brasseurs français. Lorsque les ventes françaises de bière en Allemagne ont augmenté de manière significative, les pouvoirs publics allemands ont fait saisir aux fins d'examen des produits importés qui ont été déclarés non conformes à la réglementation en vigueur. Dans le secteur des produits électroniques grand public, la France empêche l'importation de biens produits en Asie du Sud-Est grâce à la procédure de l'agrément par France Telecom (fax, téléphones).

Parallèlement à l'usage des normes, de multiples mesures administratives peuvent être utilisées. L'un des exemples les plus célèbres est l'ensemble des mesures prises en octobre 1982 par la France afin de réduire les importations. A la suite de la politique de relance de 1981, le déficit de la balance commerciale française a fortement augmenté, les consommateurs utilisant une part importante du pouvoir d'achat supplémentaire distribué pour acquérir des biens de consommation fabriqués à l'étranger, notamment des magnétoscopes. Trois mesures particulières visent alors à réduire les importations : la première introduit l'obligation d'indiquer sur les produits importés leur origine (est alors visé un réflexe nationaliste des consommateurs), la deuxième contraint les importateurs à rédiger en français les documents d'accompagnement des marchandises (ce qui crée un coût supplémentaire pour les importateurs) et la troisième crée un centre unique pour le dédouanement des magnétoscopes, à Poitiers. Cette dernière disposition conduit à une gêne significative pour les importateurs, mais aussi à un accroissement de leurs coûts : les magnétoscopes qui arrivent d'Asie par bateau au Havre, principalement, doivent être transportés à Poitiers avant d'être distribués dans la France entière.

4. Les mesures concernant les investissements et liées au commerce (TRIM)

La présence croissante des firmes multinationales dans l'économie mondiale a conduit les pouvoirs publics à développer un ensemble de réglementations particulières qui ont pour objectif de limiter les effets négatifs des implantations étrangères. Pour désigner ces dispositions, il est fait fréquemment référence à l'acronyme anglais TRIM (pour *Trade Related Investement Measures*).

Les différentes mesures

Quelle est la crainte des économies d'accueil lorsque des firmes multinationales implantent leurs filiales ? Que celles-ci fassent perdre le contrôle de pans entiers de secteurs de l'industrie ou des services, qu'elles développent une production grande consommatrice en importations et peu tournée vers l'exportation ou encore qu'elles se contentent de contourner des barrières aux importations en créant des usines tournevis, c'est-à-dire de simples unités de montage de composants importés.

Parmi les TRIM les plus fréquemment imposées aux entreprises multinationales on trouve :
— les règles de contenu local (qui imposent un pourcentage

minimal de composants d'origine locale pour qu'un bien soit considéré comme domestique et donc exempté de droits de douane);
— les règles d'équilibrage du commerce extérieur (qui imposent une couverture des importations de la firme par un volume donné d'exportations);
— et, enfin, les règles de performances minimales à l'exportation (certains pays n'autorisent l'implantation de firmes étrangères que si elles destinent leur production à l'exportation et non au marché local) (voir [14], p. 24).

Les normes de contenu local

Au sein de ces dispositions, les normes de contenu local sont l'instrument à la fois le plus significatif, mais aussi le plus intéressant. En effet, ces normes ont été dans un premier temps un instrument des politiques d'industrialisation des pays en développement. Elles tendent, dans la période récente, à devenir un élément dans la protection des firmes nationales contre la concurrence de firmes étrangères, particulièrement japonaises, qui deviennent des concurrents locaux en s'implantant dans la CEE ou aux États-Unis (voir [15]). Il est alors possible, comme le fait Giovanni Balcet, de parler dans ce cas de « protectionnisme élargi ». Cette forme particulière de protection se présente fréquemment dans le contexte des blocs régionaux constitués ou en constitution (CEE, ALENA...) *(ibid.).*

Les normes en contenu local ne sont cependant pas un instrument facile à manipuler : contrairement à ce qu'on pourrait penser, la définition et la mesure du contenu local d'un bien sont susceptibles de nombreuses interprétations. Le problème s'est posé notamment à propos des automobiles produites par les firmes japonaises dans la CEE ou aux États-Unis. L'enjeu est d'importance dans les deux cas : si un contenu local minimal n'est pas atteint, l'automobile n'est pas considérée comme européenne (ou américaine) et ne peut donc circuler au sein de la CEE (ou entre les États-Unis et le Canada) sans que des droits de douane soient perçus. Or, deux exemples sont révélateurs des écarts d'évaluation du contenu local entre les firmes elles-mêmes et leurs concurrents ou les pouvoirs publics.

Après l'implantation de Nissan en Grande-Bretagne, la question du respect des règles de la CEE en matière de contenu local a été posée en 1988. Selon la firme elle-même, le contenu britannique est de 60 % et le contenu européen de 70 %. La firme Fiat, sceptique sur ces chiffres, a acheté un véhicule et l'a démonté entièrement pour déterminer la provenance des composants. Les résultats sont tout à fait différents puisque, selon Fiat, 20 % des composants sont sûrement d'origine européenne, 48 % proviennent de l'extérieur de la CEE et les 32 % restants sont d'origine incertaine...

Honda est au centre d'une polémique identique aux États-Unis et au Canada où cette firme fabrique des Civic qui sont vendues dans les deux pays qui sont liés par l'accord de libre-échange de 1989. Selon Honda, la Civic a un contenu local pour 75 % de sa valeur, mais une étude réalisée par l'université du Michigan diminue considérablement ce chiffre (voir [16]). Les composants importés par Honda représenteraient 38 % de la valeur d'une Civic, les achats auprès de fournisseurs japonais basés aux États-Unis 26 %, les achats auprès de fournisseurs nord-américains 16 %, les 20 % restants représentent les coûts salariaux et l'amortissement du capital. Si l'on ne tient pas compte de ce dernier poste dans le calcul du contenu local, les importations se montent alors à 48 % de la valeur d'une Civic fabriquée aux États-Unis.

Les TRIM constituent une nouvelle forme de protectionnisme, même si elles sont difficiles à faire respecter. Les États-Unis et le Japon militent pour que les règles de l'accord général soient modifiées pour tenir compte de ces mesures ; cette question a été soumise aux négociations de l'Uruguay Round (voir *infra*). Cependant, la position des États-Unis est pour le moins ambiguë : cette nation utilise les TRIM dans le cadre des accords régionaux dont elle est membre, mais les dénonce lorsqu'elles sont appliquées dans d'autres pays.

5. Les subventions

Contrairement aux droits de douane et à la plupart des mesures protectionnistes envisagées, les subventions agissent directement sur les coûts de production des firmes domestiques. Elles ont donc comme résultat de modifier les coûts relatifs des entreprises et ainsi les flux du commerce international.

Les différentes formes de subvention

Les subventions peuvent porter soit sur l'exportation (les firmes n'en bénéficient que lorsqu'elles vendent leur production à l'étranger) soit sur la production (les firmes sont aidées quelle que soit la destination du bien). Les règles de l'Accord général proscrivent totalement les premières, qui apparaissent comme une volonté de prédation sur les marchés étrangers, une sorte de protection inversée (la nation cherche à conquérir artificiellement des parts de marché à l'extérieur et non à protéger les producteurs nationaux). Leur effet est donc l'exact inverse d'un droit de douane (voir [11], p. 229).

Il est très rare que des conflits impliquant cet instrument du protectionnisme apparaissent devant le GATT, à l'exception très importante du secteur agricole. L'analyse faite par les États-Unis des mécanismes de la PAC (Politique agricole commune) mise en place par la CEE revient à considérer que celle-ci subventionne les exportations (voir [11], p. 230-232).

En revanche, le cas des subventions à la production est plus complexe : si un État subventionne ses producteurs nationaux, il leur permet à l'évidence de concurrencer des importateurs, mais aussi d'améliorer leur position dans les échanges internationaux. Trois effets majeurs des subventions à la production peuvent être distingués :
— grâce à des subventions versées aux firmes du pays A, les exportations dans le pays B sont augmentées ;
— grâce à des subventions versées aux firmes du pays A, les importations de A en provenance de B sont diminuées ;
— grâce à des subventions versées aux firmes du pays A, les exportations dans un pays tiers, C, sont augmentées au détriment des exportations en provenance de B.

Les subventions jouent donc un rôle original en ce qu'un État peut être lésé par elles sans être importateur du bien. Cela pose problème par rapport aux règles de l'Accord général, d'une part, parce qu'il devient plus difficile d'apporter la preuve du dommage dont est victime la partie contractante, mais aussi, de l'autre, parce que la mesure classique pour réparer les dommages (l'instauration de droits de douane compensateurs) n'a que peu de sens.

La question des subventions est également complexe dans

la mesure où il n'existe pas de consensus sur leur définition stricte ni sur leur justification économique. Les nations qui se réfèrent au libéralisme économique dans sa forme la plus extrême, comme par exemple les États-Unis, considèrent ainsi avec la plus grande suspicion le commerce émanant des entreprises nationalisées, réputées grandes consommatrices de subventions. Même si celles-ci n'ont pas perçu de telles aides, le fait que le capital soit nationalisé et donc n'appelle pas une rémunération conforme aux souhaits d'actionnaires privés est parfois conçu comme l'équivalent d'une subvention.

Le texte initial de l'Accord général accordait une place très limitée aux subventions; en revanche, ce problème a été longuement débattu lors du Tokyo Round et a donné lieu à un code des subventions adopté en 1979 (voir chapitre IV, *infra*). De nombreux conflits commerciaux actuels, le plus célèbre opposant les États-Unis à la CEE dans l'industrie aéronautique à propos du financement de l'Airbus, découlent du versement, avéré ou invoqué, de subventions.

Politique industrielle et politique commerciale

Depuis le début des années quatre-vingt, de nouvelles analyses justifiant le protectionnisme sont apparues; leur originalité est qu'elles envisagent systématiquement le rôle de la politique industrielle (fondée essentiellement sur des subventions aux entreprises) à côté de celui de la politique commerciale et que, de surcroît, elles démontrent que le protectionnisme peut, sous certaines hypothèses, améliorer le bien-être de la nation.

La première conception développée aux États-Unis met en accusation la responsabilité des politiques industrielles européennes et japonaises dans le développement et la persistance d'un déficit commercial important aux États-Unis. Paul Krugman fournit une analyse détaillée de cette thèse et de ses implications (voir [17]). Selon le point de vue développé aux États-Unis, le processus qui assure aux industriels européens et japonais la supériorité sur les firmes des États-Unis peut être décrit comme la succession de trois étapes:

— *le choix d'un secteur*: la CEE ou le gouvernement japonais choisit comme objectif un secteur dont les firmes sont initialement dans une situation de désavantage par rapport aux entreprises américaines. Ce secteur est choisi en fonction de sa capacité à diffuser des effets positifs dans l'ensemble du tissu industriel (machines-outils, électronique...). Dans ce secteur, la politique consiste à combiner des subventions et une protection du marché domestique. L'aide et la protection permettent aux firmes du secteur d'améliorer leur situation jusqu'au moment où elles sont prêtes à affronter les entreprises américaines sur le marché mondial ;

— *la conquête des marchés extérieurs* : la protection du marché domestique permet aux firmes européennes ou japonaises de fixer des prix élevés sur leur marché et de vendre à des prix inférieurs à l'exportation, c'est-à-dire aux États-Unis. Les firmes américaines sont alors évincées du marché et les travailleurs américains perdent leurs emplois bien rémunérés pour des emplois moins rémunérateurs ou sont au chômage ;

— *vers le monopole à l'échelle mondiale* : la disparition des firmes américaines permet aux entreprises européennes et japonaises d'augmenter leurs prix et de réaliser des profits élevés. Le secteur choisi peut maintenant servir de base pour une nouvelle conquête et le processus peut recommencer dans un nouveau secteur.

La pertinence de ce schéma n'est pas nécessairement totale ; en revanche, ce mode de raisonnement est largement répandu dans les sphères des affaires nord-américaines qui réclament du gouvernement des États-Unis des mesures pour contrecarrer l'action des pouvoirs publics japonais et de la CEE.

Cette première conception justifierait une réplique, en termes de subventions ou de droits de douane. Un deuxième volet des développements récents met l'accent sur le rôle des pouvoirs publics dans les secteurs où la concurrence n'existe qu'entre un petit nombre de firmes. Dans des secteurs de concurrence imparfaite, la présence de profits d'oligopole, voire de monopole, fonde une intervention de l'État qui a pour but d'évincer les producteurs étrangers et donc d'assurer aux firmes nationales la totalité des profits. Cette intervention est dénommée politique commerciale (ou industrielle) stratégique, avec un sens très particulier : l'intervention de l'État modifie le comportement de la firme étrangère, en la conduisant à ne pas entrer dans la production.

L'exemple popularisé par Krugman d'une situation de ce type est celui du marché de l'aéronautique. Il s'agit d'un secteur très concentré, fabriquant un bien pour lequel le marché est mondial. Les caractéristiques du secteur sont accentuées en supposant qu'il n'existe que deux firmes, l'une européenne, Airbus, l'autre nord-américaine, Boeing, et en réduisant leur affrontement à un marché pour un nouvel avion de 150 sièges. La seule décision que doivent prendre les firmes est de produire ou non cet avion, sachant qu'elles disposent de la même technique de production et produiront dans les mêmes conditions de coût (pour une présentation détaillée, voir [11], p. 321-325). Le marché est tel qu'une seule firme sera rentable, alors que deux firmes seront en déficit. Les gains des firmes dans tous les cas de figure sont présentés dans le tableau II.

Les gains représentés dans le tableau sont des grandeurs qui, dans un modèle plus spécifié (fonction de demande, fonction de coût, hypothèse de comportement dans le duopole), pourraient être calculées rigoureusement. Ils n'ont pour but que d'établir la nature du raisonnement et les résultats. Si les deux firmes connaissent parfaitement l'information présentée dans le tableau II et si elles doivent entrer simultanément dans la production, le résultat sera l'abstention : Airbus et Boeing se trouvent mieux en ne produisant pas qu'en produisant tous deux.

TABLEAU II. — MATRICE DES PROFITS DE BOEING ET D'AIRBUS SANS SUBVENTION
(le profit de Boeing est le premier terme)

BOEING	*AIRBUS*	
	Produire	*Ne pas produire*
Produire	$(-5, -5)$	(100, 0)
Ne pas produire	(0, 100)	(0, 0)

L'entrée dans la production ne peut se concevoir que si l'une des deux firmes dispose d'une avance sur l'autre. Dans ce cas, elle restera seule sur le marché, avec un profit de monopole de 100. Supposons maintenant que la CEE subventionne Airbus; il s'agit d'une subvention à la production d'un montant de 25. L'équilibre du marché sera alors différent, comme l'indique la nouvelle matrice des gains (voir tableau III).

Airbus a toujours intérêt à produire puisque, grâce à la subvention, un profit positif est perçu. Boeing est dans une autre position: sachant qu'Airbus entre dans le marché, il ne peut produire en faisant un bénéfice. Boeing est donc dissuadé d'entrer et Airbus se trouve en situation de monopole. Son profit est alors de 125, contre une subvention versée de 25, soit un gain net de 100. Ce gain net résulte de l'éviction d'un concurrent potentiel et du passage d'un duopole éventuel à un monopole. Ce cas de figure correspond à une politique industrielle prédatrice, où l'enrichissement d'une nation se fait au détriment des autres.

De nombreuses critiques ont été formulées à l'encontre des modèles de ce type; en particulier, il ne semble pas possible de représenter de manière satisfaisante les affrontements sur les marchés entre les firmes avec un cadre aussi restrictif (voir [18], p. 121-125). En revanche, ces modèles permettent de comprendre la nature des inquiétudes manifestées auprès du GATT: même si la réalité est plus complexe, ces modèles mettent en évidence les risques induits par certaines interventions des pouvoirs publics.

TABLEAU III. — MATRICE DES PROFITS DE BOEING ET D'AIRBUS AVEC SUBVENTION

BOEING	AIRBUS	
	Produire	Ne pas produire
Produire	(−5, 20)	(100, 0)
Ne pas produire	(0, 125)	(0, 0)

IV / Les négociations multilatérales de 1947 à 1986

L'un des premiers objectifs de l'Accord général est d'amener les parties contractantes à se consentir des concessions tarifaires (cf. chapitre II, *supra*); le GATT peut donc être conçu comme un « forum permanent », selon l'expression de Michel Kostecki (voir [10], p. 13). Dans les réunions de ce forum, les négociations multilatérales, qui se déroulent de manière discontinue, jouent un rôle très important. Il faut rappeler que le GATT est né d'une telle négociation menée en 1947 (voir *supra*, chapitre II, et la vie de l'Accord général est scandée par les cycles de négociations, ou *rounds* selon l'expression anglaise très fréquemment utilisée, dont plusieurs sont restés célèbres en raison de l'impact de leurs résultats sur le commerce mondial.

Cependant, l'histoire des cycles de négociation révèle des différences importantes, liées à un accroissement du nombre de participants (de 23 à Genève en 1947 à 99 pour le Tokyo Round tenu de 1973 à 1979, voir tableau IV), à une modification du contenu des négociations et enfin à des changements des méthodes de négociation. C'est avec cette grille de lecture que les six cycles qui se sont déroulés de 1947 à 1979 vont être étudiés. Ces six cycles sont regroupés en trois ensembles qui correspondent à des contenus homogènes de négociations, soit, dans un premier temps, les quatre cycles de Genève au Dillon Round (de 1947 à 1961), puis en séparant le Kennedy Round (1964-1967) et enfin le Tokyo Round (1973-1979).

TABLEAU IV. — LES CYCLES DE NÉGOCIATIONS DU GATT (1947-1979)

Cycle de négociations	Année	Nombre de pays concernés	Contenu des négociations	Résultats
Genève	1947	23	Droits de douane ; produit par produit	45 000 concessions tarifaires.
Annecy	1949	33	Droits de douane ; produit par produit.	Nouvelles réductions des droits de douane.
Torquay	1951	34	Droits de douane ; produit par produit.	Concessions tarifaires supplémentaires (total : 55 000).
Dillon Round	1960-1961	45	Droits de douane ; produit par produit.	Révision des droits de douane après la création de la CEE ; nouvelles concessions.
Kennedy Round	1964-1967	48	Droits de douane : abaissement linéaire. Barrières non tarifaires.	Réduction en moyenne des droits de douane de 35 % sur les produits industriels et de 20 % sur les produits agricoles.
Tokyo Round	1973-1979	99	Droits de douane : abaissement général non linéaire. Barrières non tarifaires.	Nombreux accords (dumping, subventions, marchés publics...). Droits de douane moyens sur les produits industriels abaissés à 4,7 % pour les pays industrialisés.

Source : d'après tab. I, *in* M. KOSTECKI, « Le système commercial et les négociations multilatérales », *in* P. MESSERLIN et F. VELLAS (éd.), *Conflits et négociations dans le commerce international. L'Uruguay Round*, Economica, Paris, 1989, p. 8.

1. Des négociations de Genève à celles du Dillon Round

Les quatre principales négociations qui se déroulent entre 1947 et 1961 ont un objet commun : la diminution des droits de douane qui, à la fin de la Seconde Guerre mondiale, atteignent des niveaux très importants. C'est ainsi que, pour les États-Unis, les taux moyens des droits de douane passent de l'indice 100, avant le cycle de Genève, à l'indice 20 après le cycle Dillon (voir [2]. fig. 1. p. 4).

Les méthodes de négociation

L'idée générale de négocier des abaissements de droits de douane doit être mise en œuvre, concrètement, lors de négociations qui regroupent des partenaires nombreux. La technique utilisée, dans un premier temps (Genève, Annecy, Torquay) consiste à négocier produit par produit dans un cadre bilatéral (voir [8], p. 41). Cette négociation bilatérale entre les principaux fournisseurs du produit conduit à l'établissement d'un nouveau droit de douane qui est appliqué à toutes les autres parties contractantes grâce à la règle de la nation la plus favorisée (la première obligation des parties contractantes, voir chapitre II, *supra*).

Dans la négociation entre les deux nations, le principe de réciprocité joue pour contribuer à l'extension des concessions tarifaires : une partie contractante consent à diminuer un tarif donné en échange d'une baisse jugée équivalente des droits de douane perçus sur un autre produit. Il est aisé de concevoir que de telles rencontres ne sont possibles que dans le cadre des cycles de négociations où toutes les parties contractantes sont concernées.

Cette méthode rencontre rapidement ses limites en raison du nombre de produits concernés : les négociations deviennent de plus en plus longues et laborieuses. C'est cette méthode même qui explique, selon certains, les résultats jugés modestes du cycle de Torquay (voir [8], p. 45). C'est pourquoi le Dillon Round (du nom du secrétaire au Trésor des États-Unis de l'époque) va retenir une nouvelle méthode. Celle-ci a d'abord été expérimentée au sein de la CEE, alors en construction, entre les six pays fondateurs. En effet, le

Dillon Round se déroule à partir de 1960, alors que la CEE à six (France, Allemagne, Italie, Belgique, Luxembourg, Pays-Bas) a été créée en 1958. La CEE va donc, pour la première fois, apparaître comme une partie contractante dans un cycle de négociations et cela contribue à modifier le fonctionnement de ces réunions.

En effet, une union douanière qui se forme a un problème particulier à résoudre en matière de tarif douanier ; au départ, les nations concernées ont des structures tarifaires différentes, résultant de leur histoire propre. Il faut parvenir à une unification qui prend la forme d'un tarif extérieur commun, toutes les nations traitant de la même façon les importations extra-communautaires. La CEE a ainsi élaboré dans un premier temps son tarif extérieur commun en faisant une moyenne arithmétique des droits de douane par produit des six pays membres. Elle propose, lors du Dillon Round, de diminuer ce tarif de 20 % et demande aux autres parties contractantes de consentir la même baisse, c'est-à-dire qu'on s'engage ainsi dans un processus de réduction linéaire de l'ensemble des droits de douane et non plus dans des négociations spécifiques. Cette proposition communautaire souffre cependant d'exceptions qui concernent, d'une part, les produits agricoles et, de l'autre, une série de produits « sensibles » (il s'agit de produits pour lesquels le tarif extérieur commun a été négocié produit par produit et non obtenu par le calcul d'une moyenne, comme les textiles, les produits chimiques...) (voir [8], p. 44-45).

Les résultats des négociations

Les quatre cycles de négociations permettent d'aboutir à des réductions très substantielles des droits de douane entre les pays concernés. Si l'on raisonne sur les tarifs douaniers moyens des pays industrialisés, on peut estimer que ceux-ci sont environ divisés par trois entre la fin des années quarante et le début des années soixante. Alors que ce taux moyen est prohibitif en 1947 (environ 40 %) et constitue une véritable entrave aux mouvements internationaux de marchandises, il devient beaucoup plus supportable. La forte croissance des échanges internationaux en est la meilleure preuve : entre

1953 et 1963, les échanges mondiaux croissent, en moyenne, de 6,1 % par an alors que la production mondiale n'augmente, en moyenne, que de 4,3 % par an (voir [2], fig. 2, p. 5).

Cependant, de nombreux problèmes subsistent qui tiennent en particulier à la structure des tarifs : au-delà du raisonnement sur le taux moyen de droit de douane, il est nécessaire de prendre en compte leur répartition. Deux cas de figure se présentent : le premier est celui de nations qui taxent de la même manière toutes les importations ; c'est, *grosso modo*, la situation de la CEE. Le second est celui de pays qui présentent des « pics » tarifaires : alors que les droits de douane moyens sont faibles, certains produits sont fortement taxés, ce qui revient à un protectionnisme sélectif ; c'est la configuration dans laquelle se trouvent les États-Unis. Cette question, avec celle des barrières non tarifaires aux échanges internationaux, sera au centre des cycles de négociations ultérieurs.

2. Le Kennedy Round

Ce cycle de négociations suit de très près le cycle Dillon, achevé en 1961, puisqu'il se tient entre 1964 et 1967. Il est marqué par des confrontations entre la CEE et les États-Unis. Cela s'explique par la montée en puissance de la CEE, qui devient dès lors le premier exportateur mondial, ravissant la première place aux États-Unis. C'est ainsi qu'en 1961 le Japon effectue 3,2 % des échanges mondiaux seulement, l'Amérique du Nord (Canada plus États-Unis), 18,8 % et la CEE, 24,6 %.

La position américaine, affirmée avec force, est la volonté d'aboutir à une réduction significative et générale des droits de douane de la CEE ; elle conduit même les États-Unis à une menace de suspension des négociations si cette volonté ne se traduit pas dans les faits (voir [20], p. 63). Cette position nouvelle correspond à un changement fondamental de l'attitude américaine face au GATT : jusqu'à cette date, la volonté essentielle est de consentir des diminutions tarifaires modérées pour ne pas affaiblir l'économie américaine, alors qu'à partir de 1962 ce sont les intérêts des exportateurs américains qui vont primer (voir [8], p. 47). C'est donc un passage d'une attitude défensive (protéger les producteurs américains de la concurrence étrangère) à une attitude offensive (ouvrir les marchés étrangers aux exportateurs américains) qui caractérise la politique des autorités américaines — attitude maintenue, depuis lors, par les États-Unis.

Les méthodes de négociation

Les intérêts divergents des États-Unis et de la CEE dans ce cycle de négociations conduisent à des propositions initiales radicalement opposées (voir [8], p. 47-50) :
— les États-Unis proposent une diminution de 50 % de tous les droits de douane et leur disparition lorsque la part jointe de la CEE et des États-Unis représente 80 % du commerce mondial d'un produit ;
— la CEE n'est pas hostile au premier objectif, mais considère que le second remettrait en cause la construction européenne. Elle souhaite, de son côté, que les structures des droits de douane soient harmonisées. Après le Dillon Round, les taux moyens sur les produits industriels s'élèvent à 11,7 % pour la CEE contre 17,8 % pour les États-Unis. Alors que les droits européens présentent un profil de type vosgien (les droits sont presque tous du même niveau, un petit nombre seulement dépassant les 25 %), les droits américains sont de type alpin (plus de 400 produits sont taxés à plus de 35 %). Une diminution linéaire avantagerait donc les États-Unis.

Parallèlement à ces négociations tarifaires sur les produits industriels, le Kennedy Round se préoccupe des barrières non tarifaires aux échanges, des droits de douane sur les produits agricoles.

Les résultats des négociations

Le principe de diminution linéaire des droits de douane n'est pas retenu, en définitive, en raison de l'opposition du Canada, de l'Australie et de la Nouvelle-Zélande ; par ailleurs, certains produits sensibles sont exclus dès le départ de cette proposition. La négociation est donc essentiellement menée produit par produit. La CEE n'obtient pas une harmonisation du tarif américain avec le sien, puisque les droits américains sur des produits textiles restent fixés à 35 % ou 38 %, le sommet étant atteint pour les chaussures avec 48 % (les droits sur 100 produits restent supérieurs à 30 %).

Cependant, les droits de douane sont considérablement abaissés à l'issue du Kennedy Round, de 35 % sur les produits industriels et de 20 % sur les produits agricoles. C'est ainsi que la moyenne des droits de douane sur les produits industriels s'établit à 8 % pour la CEE et à 13,4 % pour les États-Unis.

Les résultats relatifs aux barrières non tarifaires sont beaucoup plus modestes ; un seul accord est négocié sur les pratiques antidumping, qui sera d'ailleurs modifié lors du Tokyo Round. En revanche, le Kennedy Round sensibilise les parties contractantes à ce sujet qui occupera désormais une place importante dans les négociations futures.

Un point particulier concernant les États-Unis permet de comprendre les difficultés qui peuvent surgir pour que soient appliquées les décisions prises lors des cycles de négociations. Le système américain d'évaluation des importations (et donc de détermination de la valeur sur laquelle les droits de douane sont appliqués) fait l'objet de nombreuses critiques (voir [9], p. 54). Ce système, l'*American Selling Price* (le prix de vente américain), consiste, pour des produits comme les chaussures et les produits de la pétrochimie, à évaluer les importations par référence au prix des biens concurrents produits aux États-Unis, en violation des principes du GATT.

En échange de la suppression de ce principe, un accord est passé avec comme contrepartie des concessions tarifaires des parties contractantes intéressées. Mais comme seul le Congrès des États-Unis peut modifier l'*American Selling Price*, l'accord fait partie d'un protocole séparé qui devait ultérieurement être soumis au Congrès. En fait, les pressions protectionnistes américaines ont fait que le Congrès n'en a jamais discuté. Selon Jackson, cette expérience, qui rappelle le sort de l'Association internationale du commerce (voir chapitre II, *supra*) est à l'origine des réticences de plusieurs nations à s'engager dans un nouveau cycle de négociations au début des années soixante-dix (voir [9], p. 54).

3. Le Tokyo Round

Six ans après le Dillon Round, un nouveau cycle de négociations s'ouvre, dans un contexte international très différent. Tout d'abord, le nombre des nations concernées est plus du double de celles impliquées dans le Dillon Round : 99 nations négocient, contre 48. Cela implique une participation forte des pays en développement. Ensuite, l'objectif de ces négociations est très vaste, puisqu'il s'agit non seulement de réduire les droits de douane et les barrières non tarifaires aux échanges, mais encore de façonner « les relations commerciales internationales pendant une période qui débordera largement sur la prochaine décennie » (voir [21], p. 1). Enfin, les places respectives des nations dans les échanges internationaux se sont considérablement modifiées : la CEE confirme sa place de premier exportateur mondial, avec son élargissement (passage de six membres à neuf avec, à compter du 1er janvier 1973, l'adhésion du Royaume-Uni, de l'Irlande et du Danemark), avec 36,6 % des échanges mondiaux en 1973, suivie par les États-Unis (16,5 % du commerce mondial pour l'Amérique du Nord) et, c'est là une nouveauté, par le Japon (6,4 %).

Ces trois pôles de l'économie mondiale totalisent près de 60 % du commerce mondial. L'affrontement de leurs intérêts divergents a modelé ces négociations. En outre, un nouveau groupe de pays, les nations en développement, joue pour la première fois un rôle significatif, même si les résultats ne sont pas à la hauteur de ses espérances.

La préparation des négociations

L'ouverture des négociations ne se fait pas sans mal : c'est lors de la session annuelle du GATT de novembre 1967 qu'est décidée l'élaboration du programme d'un nouveau cycle de négociations. C'est en 1972 qu'est prise la décision de principe d'engager ce cycle, ouvert à Tokyo en septembre 1973. Toutefois, des problèmes liés à la conjoncture économique et à des facteurs politiques retardent le début véritable des négociations.

C'est ainsi que le déclenchement de la crise en 1973 renforce les pressions protectionnistes dans tous les pays, ce qui fait évoluer le contenu des négociations. Il est possible de considérer que les cycles de négociations sont à deux étages : une négociation préalable sur les questions qui seront débattues par les parties contractantes doit être menée à bien avant que les travaux puissent effectivement commencer. Pour les cycles antérieurs, le problème ne s'est pas posé en raison de la rapidité du déroulement du processus et du consensus sur les questions à traiter.

Les États-Unis connaissent, en 1971, le premier déficit de leur balance commerciale, en raison de la concurrence de plus en plus forte qui s'exerce contre leurs productions nationales dans de nombreux secteurs autrefois abrités des importations, et cette tendance ne va cesser de se renforcer ; cela influe directement sur les intérêts que les États-Unis défendent dans l'arène du cycle de négociations. Enfin, pour la première fois depuis 1945, le commerce mondial diminue en 1975 de 5 %, ce qui est à l'origine d'un bouleversement dans les mentalités (il faut noter que ce phénomène se reproduit de 1981 à 1983 ; voir [1], tab. XI, p. 23). Les changements des paramètres économiques considérés comme définitivement acquis (rapport de force entre nations, croissance des échanges internationaux...) rendent beaucoup plus difficile l'exercice des négociations.

Par ailleurs, les problèmes politiques et juridiques sont nombreux, principalement aux États-Unis : d'une part, se pose la question de la répartition des pouvoirs entre le Congrès et le président des États-Unis (voir encadré) ; d'autre part, ce pays connaît dans la période une élection présidentielle qui conduit à l'installation à la Maison-Blanche de Jimmy Carter le 20 juillet 1977. Il faut donc un délai pour que la nouvelle administration définisse ses positions dans le Tokyo Round et désigne les nouveaux représentants des États-Unis dans la négociation.

Ces différents facteurs expliquent que les négociations du Tokyo Round ne commencent véritablement qu'en juillet 1977 avec la mise en place d'un calendrier en quatre phases, correspondant aux dépôts des demandes relatives aux différents aspects de la négociation (abaissement des droits de douane, traitement des pays en voie de développement,

Négociations internationales et politique commerciale américaine

L'élaboration de la politique commerciale américaine rencontre une difficulté particulière liée à l'organisation des pouvoirs poli-tiques aux États-Unis et aux prérogatives respectives du président et du Congrès. Le premier conduit la politique extérieure, le second lève les impôts et vote les lois relatives au commerce extérieur. Cette dualité est fréquemment source de conflits entre l'exécutif et le législatif, par exemple sous l'administration Reagan, plus ouverte au libre-échange que ne l'est le Congrès où les thèses protectionnistes ont de fervents soutiens, notamment chez les démocrates. Elle a également pour conséquence de rendre plus délicate l'application des résultats des négociations internationales.

Ce problème s'est posé avant 1947, et une solution a été trouvée : à partir de 1934, le Congrès délègue au président des pouvoirs importants en matière de droits de douane. La délégation est renouvelée à de nombreuses reprises, et la loi sur le commerce de 1974 la prolonge jusqu'au 3 janvier 1980, sans supprimer pour autant l'approbation par le Congrès des résultats des négociations. Cela implique donc un achèvement du Tokyo Round avant cette date. Par ailleurs, la loi commerciale américaine prévoit d'appliquer des droits compensateurs aux importations de marchandises subventionnées. Un article de la loi de 1974 permet au président de déroger à cette mesure de rétorsion tant que les négociations sur les droits compensateurs et les subventions sont en cours. Mais cette disposition n'est applicable que jusqu'au 3 janvier 1979, ce qui crée un autre butoir au Tokyo Round.

Cette deuxième disposition a failli faire capoter les négociations : la réunion qui doit avancer sur cette question ne peut se tenir qu'à la mi-novembre 1978, ce qui aurait dû conduire à une application automatique de la loi américaine en raison des délais nécessaires à toute négociation.

L'administration Carter tente alors d'obtenir la prorogation de la dérogation, mais le Congrès ne l'adopte pas avant la fin de sa session en octobre 1978, aucune réunion ne devant avoir lieu avant la mi-janvier 1979. La CEE annonce alors qu'elle refuse de mener les négociations jusqu'à leur conclusion tant que ce problème n'est pas réglé. Ce n'est qu'à la fin mars 1979 que le Congrès adopte la législation nécessaire pour proroger la validité de la négociation ; dès lors, les travaux peuvent aboutir.

La loi sur le commerce de 1974 met également en place la « procédure rapide » *(fast track)* d'adoption des résultats de la négociation. Selon cette procédure, les projets soumis au Congrès ne peuvent pas être amendés et le délai d'examen est très court (le Congrès doit se prononcer dans les deux mois suivant le dépôt du texte). La ratification des accords du Tokyo Round ne fait l'objet, en définitive, que de l'opposition de onze membres du Congrès (voir [22], p. 24).

63

mesures non tarifaires...) et aux offres des participants en réponse à ces demandes (voir [21], p. 17). Les quatre phases doivent être terminées pour janvier 1978, les demandes étant présentées en novembre 1977 et les offres en janvier 1978. Les négociations, en fait, s'achèvent en avril 1979.

Le contenu des négociations

Les négociations sont organisées à partir de sept groupes, certains composés de sous-groupes, afin de balayer tous les problèmes que posent les parties contractantes au début du Tokyo Round. Ce sont les groupes « agriculture » (avec les sous-groupes « céréales », « viande », « produits laitiers »), « produits tropicaux », « tarifs », « mesures non tarifaires » (avec les sous-groupes « restrictions quantitatives », « obstacles techniques au commerce », « questions douanières », « subventions et droits compensateurs », « achats gouvernementaux »), « approche sectorielle », « sauvegardes » et enfin « cadre juridique ». Les questions traitées par ces groupes sont les suivantes (voir [21], p. 23-140) :

• *Agriculture* : à la suite des faibles résultats obtenus lors du Kennedy Round, les parties contractantes cherchent à libéraliser les échanges dans ce secteur. La complexité du dossier vient de ce que les mesures à la frontière se surajoutent à des politiques de protection des agriculteurs. Les États-Unis défendent l'idée d'un traitement des produits agricoles identique, en général, à celui des produits industriels, alors que la CEE estime que ces marchés doivent être encadrés (accords sur les prix, les stocks...).

• *Les produits tropicaux* : ce secteur doit être « spécial et prioritaire », selon la déclaration de Tokyo, et des demandes portant sur les droits de douane et des obstacles non tarifaires sont adressées aux pays développés dès le 16 mai 1975.

• *Les droits de douane* : les débats portent sur le domaine d'application des baisses de droits de douane (faut-il appliquer aux produits agricoles les baisses acquises pour les produits industriels ?), sur la méthode de l'abaissement (linéaire ou non), sur les produits devant faire l'objet d'exception et enfin sur les moyens d'assurer un traitement différencié et plus favorable aux pays en voie de développement. La Suisse propose, pour l'abaissement, une formule originale, acceptée en septembre 1977 qui, si elle demeure d'application générale, évite les difficultés des abaissements linéaires. Cette formule s'écrit : $t' = \dfrac{A\,t}{A+t}$ avec t' qui est le tarif après abaissement, t le tarif initial et A un coefficient à définir. Si l'on suppose un droit de douane initial de 10 % et A fixé à 10, le droit sera ramené à 5 % $(10 \times 10)/(10+10)$ alors qu'un droit initial de 20 % sera ramené à 6,67 % $(20 \times 10)/(20+10)$. La formule suisse permet donc de diminuer les pics tarifaires, les réductions étant d'autant plus fortes que les droits initiaux sont élevés.

• *Les mesures non tarifaires* : la constitution de cinq sous-groupes est le signe de la diversité des mesures appliquées par les parties contractantes. Un travail préliminaire d'exploration a conduit, en 1968, à l'élaboration d'un catalogue tenu à jour qui recense 800 mesures portant préjudice au commerce qui relèvent des cinq catégories générales définies. Selon le cas, il est retenu des solutions *ad referendum*, c'est-à-dire soumises aux gouvernements, mais n'impliquant pas d'engagement de leur part, ou bien des négociations traditionnelles.

• *L'approche sectorielle* : l'idée défendue par le Canada et par les pays en voie de développement est de traiter globalement toutes les facteurs (droits de douane et autres) affectant le commerce d'un secteur. Cette technique, qui doit être un appoint selon la déclaration de Tokyo, n'est utilisée que de manière marginale en raison de l'opposition des autres participants : le seul accord sectoriel conclu concerne le commerce des aéronefs civils.

• *Le système multilatéral de sauvegardes* : ce qui est en cause, c'est l'application de l'article XIX qui prévoit que, face à un préjudice grave porté aux producteurs nationaux par un accroissement des importations, une nation peut prendre des mesures de sauvegarde de façon non sélective et non discriminatoire. C'est ce caractère non sélectif qui est

65

critiqué par de nombreuses parties contractantes, à l'inquiétude des pays en voie de développement.

• *Le cadre juridique régissant le commerce international*: l'idée est ici de procéder à un *aggiornamento* des règles de l'Accord général afin de répondre aux besoins des années quatre-vingt. Les pays en voie de développement estiment, en particulier, que les règles en vigueur ne permettent pas la promotion de leur développement. Le Brésil a joué un rôle moteur dans la défense de cette revendication.

Les résultats des négociations

Les résultats obtenus lors des négociations du Tokyo Round présentent une importance particulière en raison des difficultés rencontrées lors de l'Uruguay Round ouvert en septembre 1986 : des dispositions qui auraient dû prendre fin en 1990 (date prévue d'aboutissement du cycle de négociations) perdurent. Ces résultats peuvent être présentés en distinguant ce qui a été obtenu dans le domaine tarifaire et à propos des obstacles non tarifaires.

Les droits de douane, à l'issue du Tokyo Round, enregistrent une nouvelle baisse significative : si l'on raisonne sur la moyenne pondérée des droits pour les produits industriels, on passe de 7,2 % à 4,9 %, soit une réduction de 33 %, avec une diminution sensible des pics tarifaires. Cependant, certains produits sont restés à l'écart de cette baisse : automobiles, semi-conducteurs, textiles ; les droits de douane sont en revanche supprimés entre les 22 nations signataires de l'accord sur le commerce des avions civils.

Parallèlement aux mesures tarifaires, le Tokyo Round s'est matérialisé par la signature de neuf accords et de quatre arrangements dans des domaines variés.

Les accords portent sur les barrières techniques au commerce, les marchés publics, les subventions, le commerce de la viande, le commerce des produits laitiers, l'évaluation en douane, les licences d'importation, le commerce des aéronefs civils, et enfin les pratiques antidumping. Ces neuf accords sont des traités séparés, ratifiés par certaines parties contractantes et non par toutes. Selon l'analyse de Jackson, sept d'entre eux seulement créent des obligations suffisamment précises pour qu'on puisse les considérer comme des codes (voir [9], p. 56). De fait, les comités correspondants se réunissent depuis au sein du GATT pour traiter des questions relevant de leur compétence, ce qui pose parfois des problèmes lorsqu'un conflit est à l'intersection de plusieurs aspects. C'est ainsi que le conflit entre les États-Unis et la CEE à propos d'Airbus a été soumis au Comité des subventions par les États-Unis alors que la CEE a invoqué les droits qu'elle tient de l'Accord relatif aux aéronefs civils (voir *GATT Focus*, n° 84, septembre 1991). Il faut préciser que ces codes n'engagent que les nations qui les ont signés et ratifiés, ce qui pose la question de leur relation avec l'Accord général.

Les arrangements portent sur le traitement différentiel des pays en voie de développement, sur les mesures commerciales prises dans des buts liés à la balance des paiements, sur les actions de sauvegarde à des fins de développement et enfin sur les procédures de notification, de consultation, de règlement des conflits et de surveillance. Selon Jackson, ces arrangements ont un statut juridique encore plus ambigu que les accords ; ils expriment des buts ou des obligations très générales.

Le bilan des cycles de négociations qui se sont tenus entre 1947 et 1979 est très largement positif en ce qui concerne l'abaissement des droits de douane sur les produits industriels, beaucoup moins en ce qui concerne les produits agricoles. Pour les barrières non tarifaires, le Tokyo Round a représenté un effort considérable pour au moins poser le problème de ces nouveaux obstacles aux échanges internationaux. Il semble cependant, si l'on s'intéresse aux mouvements de fond, qu'il y ait de plus en plus une substitution des barrières non tarifaires aux barrières douanières. Fondamentalement, la volonté affichée par la quasi-totalité des nations de libéraliser les échanges rencontre donc des limites. La question qui se pose pour les négociations futures est donc double : d'une part, intégrer dans les règles du GATT les commerces qui y échappent au moins partiellement (agriculture, services) et, de l'autre, traiter des formes modernes et sans cesse différentes du protectionnisme. Ce sont là les objectifs fondamentaux des négociations de l'Uruguay Round qui s'ouvrent en 1986.

V / L'Uruguay Round

Si l'on en croit leur programme initial, les NCM (négociations commerciales multilatérales) de l'Uruguay Round devaient rester dans l'histoire du GATT comme le cycle de négociations le plus ambitieux et le plus étendu. Elles resteront assurément comme celles qui ont rencontré le plus de difficultés. Le calendrier initial prévoyait un cycle d'une durée de quatre ans (septembre 1986-fin 1990). A partir de 1990, lorsqu'il est apparu que la conclusion serait retardée, une litanie de déclarations émanant de responsables du GATT ou de ministres prévoyant une fin prochaine des travaux, mettant en évidence les progrès des négociations ou encore les résultats partiels obtenus, a été suivie par celle des appels pressants à la conclusion émanant des deux secrétaires généraux du GATT qui se sont succédé pendant ce Round (Arthur Dunkel puis Peter Sutherland). Les NCM n'ont abouti qu'au 15 décembre 1993, date butoir de la procédure de *fast track* pour les États-Unis (voir l'encadré « Négociations internationales et politique commerciale américaine », chapitre IV). Leur ratification officielle par les 117 nations participant aux négociations, dont quatre non membres du GATT (Algérie, Chine, Honduras, Paraguay) doit intervenir le 15 avril 1994 à Marrakech.

Les problèmes rencontrés lors des NCM découlent de la situation de l'économie mondiale, des oppositions entre les grandes puissances, mais aussi de la complexité des dossiers traités : d'une part, est affichée la volonté de résoudre les questions posées par la non-universalité du GATT (agriculture, services, textile) ; de l'autre, il faut arriver à réglementer les nouvelles formes du protectionnisme qui se sont développées dans les années quatre-vingt. L'accord entre les parties a fini par prévaloir, mais sur nombre de dossiers les conclusions ne sont que provisoires : des négociations complémentaires doivent affiner les textes généraux, des mesures décidées ne sont pas d'application immédiate mais différée.

1. Situation des échanges mondiaux et NCM

Le trait marquant des années quatre-vingt est la polarisation des balances commerciales des grandes nations ; l'installation de différentes nations dans des situations d'excédents commerciaux ou de déficits durables a des implications directes sur les politiques commerciales. C'est cette caractéristique qui permet de comprendre la naissance des NCM et leurs thèmes.

Nations déficitaires et nations excédentaires

Les années quatre-vingt connaissent l'aggravation d'une tendance déjà manifeste dans les années soixante-dix, celle d'une polarisation des balances commerciales entre nations excédentaires et nations déficitaires. Une mesure simple de l'ampleur de ce phénomène peut être obtenue en cumulant les soldes des balances commerciales, en milliards de dollars, entre 1980 et 1989. La grandeur obtenue n'a pas une signification très satisfaisante, puisqu'elle est le résultat de la sommation de valeurs monétaires courantes et non en valeur constante ; elle donne néanmoins une idée des tendances lourdes.

Sur cette période, les États-Unis accumulent un déficit de 931 milliards de dollars, alors que le Japon connaît un excédent de 533 milliards et l'Allemagne, un excédent de 396 milliards. Les quatre pays nouvellement industrialisés d'Asie du Sud-Est (Corée du Sud, Hong Kong, Singapour et Taiwan) accumulent, entre 1986 et 1989, un excédent de 103 milliards (voir [1], p. 30-33). Dans le cas des États-Unis, les trois quarts du déficit sont obtenus dans les échanges réalisés avec deux pays ou groupes de pays seulement. Ainsi, en 1989, le déficit total de 115 milliards de dollars est imputable au commerce avec le Japon pour 53 milliards et avec les quatre pays nouvellement industrialisés d'Asie du Sud-Est pour 31 milliards *(ibid.)*.

Ces données sont révélatrices d'une modification radicale du système commercial mondial qui est passé d'une situation de relative homogénéité, non exempte de tensions (voir chapitre IV, *supra*), à une situation de morcellement, voire d'éclatement (voir [23]). Cela peut se voir au sein des pays développés (oppositions entre les États-Unis, la CEE et le Japon), mais aussi au sein des pays en développement avec l'apparition des nouveaux pays industrialisés qui deviennent des partenaires commerciaux significatifs n'ayant plus de point commun avec les autres nations en voie de développement.

Ce fractionnement du système mondial rend plus ardue la mise en place et le déroulement du cycle des négociations : les intérêts des parties contractantes deviennent, au fil du temps, de plus en plus opposés.

Les thèmes de la négociation

L'initiative de lancer le cycle de négociations vient des États-Unis, et cette initiative est soutenue par la plupart des parties contractantes. C'est en janvier 1986 qu'est formé un comité préparatoire auquel sont soumis, en juillet 1986, trois projets différents de contenu du Round. La multiplicité de ces projets est révélatrice des différences de perception sur les questions importantes, puisqu'ils s'opposent sur les questions de l'agriculture, des services et de démantèlement des mesures protectionnistes (voir [10], p. 16).

Le programme définitif a été adopté en septembre 1986 lors de la réunion de Punta del Este (Uruguay). La déclaration est composée de deux parties, traitant respectivement du commerce des marchandises et de celui des services.

• *Les groupes de négociation sur les marchandises.* — Pour les marchandises, les objectifs sont tout d'abord un *statu quo* sur les mesures protectionnistes (pas d'aggravation de la protection existante) et l'élimination des mesures prises en violation de l'Accord général. En effet, les années quatre-vingt sont marquées par la montée d'arrangements pris en dehors des règles du GATT, sur des bases bilatérales, comme par exemple les restrictions volontaires d'exportations (voir chapitre II et III, *supra*). Ces accords constituent, selon l'expression consacrée, la « zone grise », c'est-à-dire l'ensemble des pratiques commerciales non compatibles avec l'Accord général. Par ailleurs, une série de questions font l'objet de groupes de négociation. Les sujets de ces groupes sont pour certains traditionnels (agriculture, textiles et vêtements...), d'autres nouveaux (droits de la propriété intellectuelle, mesures concernant les investissements et liées au commerce) (voir l'encadré).

Les groupes de négociation de l'Uruguay Round

Groupe de négociation sur les marchandises

— droits de douane ;
— mesures non tarifaires ;
— produits provenant de ressources naturelles ;
— textiles et vêtements ;
— agriculture ;
— produits tropicaux ;
— examen des articles de l'Accord général ;
— accords et arrangements issus du Tokyo Round ;
— sauvegardes ;
— subventions et mesures compensatoires ;
— aspects des droits de propriété intellectuelle touchant au commerce, y compris le commerce de marchandises de contrefaçon ;
— mesures concernant les investissements liés au commerce (TRIM) ;
— règlements des différends ;
— fonctionnement du système du GATT.

Groupe de négociation sur les services

Source ; d'après [10], tab. IV, p. 19.

Dans les sujets traditionnels des NCM, il faut signaler trois points importants : l'objectif de parvenir à une nouvelle diminution généralisée des droits de douane, la volonté de mettre fin aux restrictions aux échanges découlant de l'AMF (voir chapitre II) et enfin le désir de réintégrer le commerce de produits agricoles dans les règles générales du GATT.

Parmi les thèmes nouveaux, deux méritent attention. Le premier est celui consacré aux TRIM, ces mesures relatives au commerce concernant les investissements étrangers. Le chapitre III a permis de traiter cette question. En revanche, les aspects liés à la propriété intellectuelle n'ont pas été abordés jusqu'ici. Le régime de protection des brevets ou des marques est très différent selon les pays. Si l'on peut considérer que dans l'ensemble des pays développés un brevet ou une marque sont réellement protégés des imitateurs ou des contrefacteurs, cela n'est fréquemment pas le cas dans les pays en développement et les conséquences sur les échanges internationaux sont de deux ordres. D'une part, certaines exportations en provenance de pays développés sont impossibles en raison des productions locales qui sont de simples copies illicites du produit étranger. C'est ainsi que, selon les estimations des États-Unis, plus de 110 millions de dollars d'exportations vers le Brésil et l'Argentine sont perdus chaque année en raison du piratage de produits américains (voir [24], p. 57). D'autre part, les contrefaçons réalisées notamment dans des pays d'Asie du Sud-Est de produits de luxe (horlogerie, textile) donnent lieu à des importations dans les pays développés de produits piratés qui concurrencent de manière déloyale les productions locales.

• *Le groupe de négociation sur les services.* — Pour les services, l'objectif est d'élaborer un cadre multilatéral de règles qui permette l'expansion et la libéralisation de ce commerce, en l'intégrant donc dans l'Accord général. L'apparition du thème des services dans un cycle de négociations relève de l'évolution du contenu des échanges internationaux.

Pendant longtemps, le modèle dominant la réflexion des économistes en matière d'économie internationale est celui d'une économie à deux secteurs: le secteur exposé à la concurrence internationale, généralement assimilé à l'industrie, et le secteur abrité de cette concurrence, composé essentiellement des services. Ce découpage repose sur une conception traditionnelle des services, comme les services rendus par les coiffeurs, les réparateurs automobiles, les entreprises de nettoyage..., toutes activités non susceptibles par nature d'échanges entre les nations : pour consommer ces services, il est indispensable d'être à proximité immédiate du fournisseur. Les services sont donc considérés comme des produits non échangés internationalement, alors que tous les biens de l'industrie sont traités comme échangeables entre nations.

Le développement des services dans les économies les plus avancées conduit, au contraire, à un commerce international très significatif qui porte sur les opérations de transport, les assurances, les grands travaux, la vente de brevets et les flux de redevances qui y sont associés ou encore sur les dépenses liées au tourisme. Les exportations de services commerciaux se montent, en 1991, à 890 milliards de dollars, soit le quart des exportations mondiales de marchandises. Il est donc facilement compréhensible que le GATT se préoccupe de ces flux et de leur organisation. Néanmoins, les parties contractantes ont, dans ce secteur, des intérêts très divergents : la double opposition États-Unis contre CEE et PVD contre pays développés a marqué les NCM de l'Uruguay Round sur ce sujet.

• *Les règles et le fonctionnement du GATT*. — Plusieurs groupes de négociation sont concernés par le fonctionnement du GATT, le règlement des différends ou encore l'examen des articles du GATT. Ces questions sont posées en raison des remises en cause de plus en plus nombreuses dont fait l'objet l'Accord général. Le point fondamental est celui de l'adaptation d'un édifice construit en 1947 à un commerce mondial dont les caractéristiques ont profondément changé. Pour un nombre croissant de parties contractantes, le GATT n'est plus à même d'assurer un fonctionnement harmonieux de l'économie mondiale, reposant sur des règles assurant une concurrence internationale loyale. Il est donc nécessaire, selon de nombreux participants aux négociations, de modifier les règles du GATT sur plusieurs aspects.

Les critiques et réticences initiales portent sur quatre points principaux (voir [23], p. 38-39) :
— *la clause de sauvegarde* : l'enjeu du débat est l'applica-

tion stricte de la clause initiale de l'Accord général, c'est-à-dire une sauvegarde s'appliquant de manière indifférenciée à toutes les importations qui mettent en péril un secteur, ou bien son aménagement afin de permettre une protection sélective contre les importations en provenance d'un pays spécifique. Les difficultés rencontrées dans de nombreux secteurs ont conduit les parties concernées à négocier des accords bilatéraux ou des accords d'autolimitation des exportations, en violation avec l'Accord général ;

— *les politiques tarifaires:* l'abaissement des barrières douanières consécutif aux cycles de négociations antérieurs a eu un effet pervers dans la mesure où la protection tarifaire a été au moins partiellement remplacée par toutes les mesures non tarifaires relevant de la « zone grise ». Cela conduit certains à demander que les tarifs soient réhabilités comme moyen de protection sous une double argumentation de lisibilité (les tarifs sont mieux connus que les autres barrières) et de moindre nocivité (voir chapitre III) ;

— *l'accès aux marchés:* le GATT est souvent présenté comme ayant échoué dans le respect des obligations d'ouverture des marchés aux productions étrangères ; c'est le grief fait au Japon, mais aussi à nombre de pays en voie de développement ;

— *la clause de la nation la plus favorisée:* ce pilier de l'Accord général est lui-même remis en cause et il est proposé par certains de la transformer en clause « conditionnelle » (voir [23], p. 39), c'est-à-dire d'en réserver l'application à des groupes de nations qui appliquent les mêmes règles. Cette modification permettrait d'éloigner les tentations du bilatéralisme en le remplaçant par un « multilatéralisme limité ».

Mais la dynamique propre des négociations a fait apparaître un nouveau thème dont l'importance s'est renforcée au cours du temps : celui de la mutation institutionnelle du GATT en une organisation mondiale du commerce. Il s'agit ici d'un retour à l'institution inachevée en 1947 (voir chapitre II), demandé principalement par les nations européennes, les États-Unis restant très réticents à l'idée de créer une nouvelle institution.

L'ensemble des groupes de négociation est coiffé par le

Comité des négociations commerciales; parallèlement a été mis en place un organe de surveillance chargé de veiller au respect de l'engagement de ne pas instaurer de nouvelles mesures protectionnistes pendant les négociations.

Le déroulement des négociations

Les parties contractantes ont décidé, à Punta del Este, d'adopter une approche globale des négociations : il est nécessaire d'arriver à un accord simultané sur tous les sujets abordés. Cette interdépendance des négociations sectorielles a un intérêt évident, dans la mesure où elle assure que le programme initial de négociations sera rempli. Cependant, elle permet une dérive stratégique dans les comportements des parties contractantes : il est possible qu'un négociateur adopte une position intransigeante sur un dossier d'intérêt secondaire pour lui, mais capital pour une autre partie contractante, afin d'obtenir un compromis qui lui soit favorable dans un autre domaine.

La longueur des négociations résulte pour partie de cette attitude entre les deux parties contractantes qui se sont opposées le plus violemment dans l'Uruguay Round, les États-Unis et la CEE. Les États-Unis ont, dans la négociation, défendu des propositions très dures à la fois pour les services et pour l'agriculture. Dans le premier dossier, les positions initiales des États-Unis et de la CEE ne sont pas très différentes et elles s'opposent à celles des pays en développement. Cependant, au fil du temps, des dossiers initialement secondaires, notamment dans les secteurs financier et de l'audiovisuel, ont pris une importance considérable et sont devenus des symboles de la résistance à l'hégémonie américaine, principalement dans l'opinion française pour l'audiovisuel.

En revanche, les États-Unis et la CEE ont dès le départ des positions contradictoires dans le commerce international des produits agricoles, en raison des aides diverses dont bénéficie l'agriculture. Les États-Unis souhaitent une libéralisation totale des échanges agricoles alors que la CEE souhaite maintenir une politique active de soutien au secteur.

Les négociations entre les États-Unis et la CEE sont rendues plus complexes en raison de la nature communautaire de cette dernière : les douze nations composant la CEE sont les parties contractantes, mais c'est la Commission de Bruxelles qui mène les négociations. Or, les intérêts des Douze ne sont pas identiques, surtout dans le secteur agricole. C'est ainsi que l'accord de novembre 1992 (dit accord de Blair House) a été négocié par des commissaires qui, selon la position française, n'étaient pas mandatés par le Conseil des ministres, représentant les intérêts des nations, pour les concessions aux exigences américaines qui ont été faites. Jusqu'au 15 décembre 1993, le négociateur pour la CEE, Leon Brittan, est régulièrement mis en cause par les responsables politiques français qui l'accusent de brader les intérêts de la France en étant trop favorable à un libre-échange sans nuance.

Enfin, les négociations se sont déroulées sur fond de pressions directes, surtout américaines. L'instauration par les États-Unis de droits compensateurs très élevés sur les produits de la sidérurgie en 1992, par exemple, est ressentie comme le moyen de faire avancer les dossiers qui importent aux États-Unis. Ce comportement est en contradiction avec l'engagement pris de ne pas instaurer de nouvelles mesures protectionnistes pendant le Round. Plus grave par rapport à l'Accord général, les États-Unis ont, en 1988, mis en place une nouvelle loi commerciale qui renforce les possibilités de rétorsion contre ce qui est considéré comme une « concurrence déloyale » par l'administration américaine (voir *infra*, chapitre VII).

Enfin, le déroulement effectif des négocations a eu lieu selon des modalités parfois inhabituelles. Les négociations de l'Uruguay Round ont lieu non seulement dans les réunions organisées par le GATT, principalement à Genève, mais aussi dans des instances tout à fait différentes où les principales parties contractantes sont en contact, notamment les réunions des sept nations les plus développées (G 7). C'est ainsi que la rencontre du G 7 en juillet 1993 à Tokyo a donné lieu à des tentatives pour débloquer la négociation générale, ou encore qu'en novembre 1992 la CEE et les États-Unis sont parvenus à un arrangement sur le dossier agricole.

Cependant, il ne peut s'agir que de « préaccords » : la

conclusion revient officiellement à la session des parties contractantes. Toutefois, l'achèvement de la négociation de l'Uruguay Round a quelque peu mis à mal ce principe : alors que l'ensemble des membres du GATT étaient réunis à Genève à la mi-décembre 1993, les États-Unis et la CEE négociaient de manière bilatérale à Bruxelles pour résoudre leurs divergences. Ainsi, le multilatéralisme, principe fondateur du GATT, n'a été respecté qu'en façade. L'examen des dossiers les plus importants révèle que les solutions apportées ne règlent pas toutes les difficultés.

2. Les négociations agricoles

Les produits agricoles sont, de fait, à l'écart des règles du GATT depuis 1955 (voir chapitre II). Cette situation provoque des affrontements nombreux entre les parties contractantes ayant des intérêts agricoles importants. L'analyse des difficultés propres à ce secteur faite par Dunkel, alors secrétaire général du GATT, après l'un des nombreux rebondissements des négociations, mérite d'être citée : « Il y a, dans ce secteur, presque autant d'interprétations des droits et des obligations qu'il y a de pays signataires du GATT. [...] De plus, les politiques commerciales agricoles de plusieurs pays sont bâties sur des régimes d'exception ou n'ont jamais été véritablement acceptées par les autres. Résultat : la concurrence est régie par la capacité financière des pays exportateurs à subventionner, ce qui revient à écarter les pays en développement des marchés mondiaux. » (voir [25]) Les difficultés rencontrées lors des négociations expliquent qu'à plusieurs reprises des tentatives de rapprochement des positions se soient déroulées en dehors du groupe de négociation de l'Uruguay Round, lors de rencontres bilatérales CEE-États-Unis.

Les intérêts en présence

Le commerce de produits agricoles, bien que ne représentant qu'une faible part du total des échanges mondiaux (environ 12 %) est un concentré des obstacles au commerce qui peuvent exister, qu'il s'agisse de mesures aux frontières ou bien à la production. Pour comprendre les oppositions, il est nécessaire de partir des positions défendues au sein du groupe de négociation sur l'agriculture de l'Uruguay Round, avant de voir comment les caractéristiques des nations expliquent leurs revendications.

• *Les communications devant le groupe de négociation de l'Uruguay Round.* — L'examen à mi-parcours de l'Uruguay Round, selon la procédure normale, a commencé à Montréal, à la fin de 1988 (l'achèvement du cycle était planifié pour 1990). Le Comité des négociations commerciales s'est réuni à Genève du 5 au 8 avril 1989 et a achevé cet examen, qui correspond à un constat d'accord sur les thèmes de la négociation. Le rapport du groupe sur l'agriculture reprend l'idée générale de l'incorporation de ce secteur dans les règles du GATT et prévoit que les participants sont invités à présenter, avant décembre 1989, des propositions détaillées pour arriver à cet objectif (voir *GATT Focus*, n° 61, mai 1989).

Les propositions émanant des principaux protagonistes dans ce contexte sont présentées ci-dessous :
— lors de la réunion des 25 et 26 septembre 1989, la CEE a défendu l'idée selon laquelle il convenait de maintenir la spécificité de l'agriculture et donc de procéder à une amélioration (et non à une transformation fondamentale) des règles existantes. Par ailleurs, la CEE était favorable à une approche qui renforcerait les liens entre les mesures à la frontière et les mesures intérieures. Les subventions à l'exportation ne devraient pas être interdites mais réglementées (voir *GATT Focus*, n° 66, novembre 1989). Ces diverses propositions ont été mal reçues par les autres parties contractantes, certaines considérant même qu'elles se situaient en deçà des propositions retenues dans l'examen à mi-parcours ;
— dans la même réunion, le Japon a déclaré qu'il était nécessaire de tenir compte, dans la négociation, des préoccupations non commerciales et notamment de la sécurité alimentaire et de la stabilité de l'approvisionnement en produits alimentaires de base. Cela entraîne, pour le Japon, la nécessité de maintenir un certain niveau de production nationale,

car la sécurité alimentaire ne peut être assurée par d'autres moyens que seraient le maintien de capacités potentielles de production, des stocks de produits, des accords bilatéraux ou encore une diversification des fournisseurs (voir *GATT Focus*, n° 66, novembre 1989) ;
— lors de la réunion des 25 et 26 octobre 1989, les États-Unis réclament une réforme globale de l'agriculture qui tendrait à orienter la production et le commerce uniquement par le marché, en intégrant pleinement l'agriculture au GATT. Selon les estimations présentées par les États-Unis, le coût de l'ensemble des aides et interventions dans l'agriculture dépasserait 275 milliards de dollars par an (voir *GATT Focus*, n° 67, décembre 1989).

Les mesures défendues par les États-Unis découlent de ce principe général : tous les obstacles aux importations doivent être transformés en droits de douane qui seraient abaissés substantiellement sur une période de dix ans. Toutes les subventions à l'exportation et toutes les restrictions à l'importation devraient être éliminées en cinq ans. Enfin, il est nécessaire d'instaurer un régime de contrôle du fondement des mesures sanitaires et phytosanitaires qui devrait découler de preuves scientifiques solides, ces normes étant souvent détournées de leur principe initial pour devenir des instruments du protectionnisme. C'est ainsi que les États-Unis considèrent comme un détournement de ce type l'interdiction d'importer dans la CEE des veaux dont la croissance a été stimulée par l'administration d'hormones, alors que les autorités sanitaires américaines n'ont aucune opposition contre ce procédé ; l'impossibilité d'exporter ces veaux fait perdre aux États-Unis un flux commercial estimé à 100 millions de dollars par an (voir [24]).

La CEE, le Japon et les États-Unis représentent une partie seulement des parties contractantes très directement intéressées par les négociations sur le commerce des produits agricoles. Il existe en particulier un ensemble de nations fortement exportatrices de produits agricoles connu sous le nom de « groupe de Cairns », ainsi dénommé en raison de sa réunion initiale en 1986 à Cairns. Ces nations sont au nombre de 14, les principales étant l'Argentine, l'Australie, le Canada et la Nouvelle-Zélande (les autres sont le Brésil, le Chili, la

Colombie, Fidji, la Hongrie, l'Indonésie, la Malaisie, les Philippines, la Thaïlande et l'Uruguay).

• *Les caractéristiques des pays concernés.* — Les conflits dans le domaine agricole sont très variés, étant donné le nombre des produits en cause qui représentent parfois des marchés très peu importants; en fait, seul le blé est un marché significatif sur lequel la CEE et les États-Unis s'affrontent, ainsi que quelques autres nations. Plutôt que de raisonner sur les différents produits, il est donc plus intéressant de définir les positions globales des nations ou groupes de nations dans le commerce des produits agricoles en les rapprochant de leur attitude en matière de subventions à la production. Une typologie sommaire permet de distinguer trois cas de figure (voir [26]):
— les pays libre-échangistes, c'est-à-dire le groupe de Cairns (voir ci-dessus), qui sont des exportateurs nets importants (l'Australie tire environ 40 % de ses recettes d'exportation du commerce de produits agricoles), appliquent un protectionnisme sélectif et subventionnent peu leur agriculture;
— les pays importateurs fortement protectionnistes qui subventionnent de manière considérable leurs agricultures, mais n'exportent que très marginalement, comme le Japon, la Suisse et la Norvège. Le cas du Japon est une illustration presque caricaturale du protectionnisme s'expliquant par le poids politique d'une catégorie socioprofessionnelle, conformément à la théorie des choix publics: les importations de riz sont prohibées, sous prétexte d'assurer la sécurité alimentaire dans une production à la base de l'alimentation traditionnelle.

Or, le Japon recourt aux importations d'autres produits alimentaires de manière importante pour plus de la moitié des besoins caloriques, la viande ou les agrumes provenant notamment des États-Unis. En fait, l'agriculture japonaise, archaïque et fortement aidée par les pouvoirs publics, et plus particulièrement la riziculture, a une influence très importante sur la vie politique, en raison des découpages électoraux. Les riziculteurs sont parmi les plus fidèles électeurs du parti libéral démocrate qui les récompense en protégeant leur production (voir [27]). Le concept de sécurité alimentaire

n'est donc qu'un habillage de la défense des intérêts d'un électorat sûr ;
— les pays qui pratiquent un soutien important à leur agriculture et qui sont de gros exportateurs, c'est-à-dire les États-Unis et la CEE, et qui sont donc directement en conflit pour l'approvisionnement de marchés (marché intérieur de la CEE ou marchés tiers). Les situations de ces deux premiers producteurs mondiaux doivent être présentées plus en détail pour que leurs revendications dans le cadre de l'Uruguay Round soient compréhensibles.

• *Le conflit États-Unis-CEE.* — Parmi les différentes oppositions entre la CEE et les États-Unis, le conflit le plus facile à exposer est celui relatif au blé : importatrice nette de blé au début des années soixante-dix, la CEE est exportatrice nette en 1990 ; les exportations de blé de la CEE ont progressé de 54 % entre 1980 et 1990. Les États-Unis, fortement exportateurs de blé, ont donc vu leur part de marché diminuer et accusent les mécanismes de la PAC (politique agricole commune) d'être responsables de leur éviction partielle du marché mondial. De leur côté, les Européens critiquent le système américain d'aides à l'agriculture et défendent le principe de la PAC, même s'ils reconnaissent la nécessité de l'amender.

La PAC est née en 1962 et repose sur une construction très éloignée des principes du GATT : des produits non cultivés en Europe sont acceptés sans aucun droit de douane (soja, oléagineux) et la CEE établit une protection des productions agricoles essentielles (céréales, viandes, lait).

Le système fonctionne sur la base de prix garantis pour les producteurs, prix qui sont supérieurs à ceux du marché mondial, ce qui assure aux producteurs des revenus déconnectés de la situation du marché, alors qu'un système complexe de droits variables assure une protection contre les importations et une aide à l'exportation. A partir du début des années quatre-vingt, la PAC entre en crise en raison de l'accroissement des stocks résultant de l'achat par les organismes d'intervention au prix garanti, notamment de blé, ce qui conduit la CEE à exporter de plus en plus. Ces nouvelles exportations vont directement à l'encontre des intérêts des producteurs américains et de ceux du groupe de Cairns qui considèrent qu'il s'agit d'un commerce déloyal parce que fortement subventionné. Pour résoudre en partie ce problème, sont introduites en 1984 des « quantités maximales garanties » qui assurent une certaine régulation du marché : lorsque les quantités produites dépassent ce plafond, le prix d'intervention de la campagne suivante baisse.

La politique agricole des États-Unis repose sur trois instruments qui assurent le soutien des prix et des revenus ainsi que la régulation de l'offre : le prêt de campagne *(non recourse storage loan)*, les paiements compensatoires *(deficiency payments)* et le gel des terres *(acreage set-aside)* (voir [28]).

Le soutien des prix est assuré par le prêt de campagne : les producteurs peuvent percevoir une avance sur récolte qui prend la forme d'un prêt égal à la quantité gagée multipliée par un prix garanti appelé *loan rate*. La comparaison entre ce prix garanti et le prix du marché permet au producteur d'arbitrer entre récupérer sa récolte en remboursant le prêt et laisser sa récolte à l'organisme public responsable du prêt.

Le soutien des revenus est assuré par des paiements compensatoires qui prennent la forme du versement d'une subvention égale à une partie de la récolte multipliée par la différence entre un prix de référence *(target price)* et le prix garanti. Enfin, le gel des terres est associé aux deux autres instruments : il conditionne l'octroi des paiements compensatoires et du prêt de campagne.

Par ailleurs, l'intervention sur les échanges internationaux est forte puisqu'il existe une aide à l'exportation connue sous le nom du programme EEP *(Export Enhancement Program)* depuis 1985. Il s'agit de subventions pour les exportations destinées à des marchés peu solvables et faisant l'objet de concurrences subventionnées (pays du Maghreb, Égypte...). Selon les États-Unis, ces subventions aux exportations n'ont pour but que de répondre à la politique d'aide européenne. Enfin, les importations de certains produits (viande bovine, sucre, fromage...) font l'objet de contingentements d'importations.

Le bilan de ces politiques d'aides laisse penser que les efforts consentis par la CEE et par les États-Unis en faveur de leurs agricultures sont comparables : si, en 1989, la politique agricole coûte 97,5 milliards de dollars à la CEE contre 67,2 milliards aux États-Unis, le coût par exploitation est de 20 000 dollars aux États-Unis contre 8 000 dollars dans la CEE et les dépenses par habitant sont identiques (voir [29]).

Cependant, des pays comme l'Australie et l'Argentine refusent que les négociations se déroulent comme un simple affrontement entre la CEE et les États-Unis et ont défendu leurs positions lors de la réunion du Conseil du GATT qui s'est tenue du 29 septembre au 1er octobre 1992. Pour les pays du groupe de Cairns, le marché mondial du blé a été divisé en deux compartiments étanches : plus de la moitié du blé commercialisé dans le monde est vendue à des prix artificiellement bas en raison des subventions (la part de la CEE et des États-Unis dans les exportations mondiales est passée de 27 % en 1970 à 52 % en 1989), les pays ne subventionnant pas se partageant le reste du marché (voir *GATT Focus*, n° 94, octobre 1992).

Le déroulement des négociations

Alors que de nombreuses autres parties contractantes sont concernées, les négociations de l'Uruguay Round dans le domaine de l'agriculture ont tendu à se focaliser sur l'affrontement entre les États-Unis et la CEE. La proposition américaine d'octobre 1989 a été refusée par la CEE. Il est facile de comprendre pourquoi en reprenant des travaux de simulation qui ont été réalisés afin d'estimer les répercussions de cette suppression des subventions et aides sur la CEE et sur les États-Unis (voir [28]). Fondamentalement, les résultats indiquent une asymétrie des fardeaux : l'effort exigé pour la CEE est nettement plus rude que celui qui serait consenti par les États-Unis ; l'agriculture européenne se contracterait dans presque toutes les productions, à l'exception des porcs et des volailles ([28], p. 44).

Cette proposition américaine étant refusée et la contre-proposition de la CEE ne faisant en rien avancer les négociations, la question qui se pose, au début de 1990, est de savoir comment arriver à un compromis entre les parties intéressées. De plus, le conflit initial, principalement centré sur le blé et sur les principes de la PAC, s'est enrichi d'un nouveau conflit concernant les oléagineux dans lequel les États-Unis ont obtenu la condamnation de la CEE devant le GATT. On peut penser qu'il s'agit là d'une stratégie offensive, passant par l'ouverture d'un nouveau front, qui permet aux États-Unis d'affaiblir la position de la CEE en vue d'obtenir satisfaction. Cependant, la polarisation des débats entre CEE et États-Unis pose problème par rapport aux principes mêmes du GATT.

• *Le conflit sur les oléagineux.* — L'absence de droits de douane sur les oléagineux importés par la CEE est une concession faite aux États-Unis pour que ceux-ci acceptent la PAC en 1962. Mais le marché pour ces produits, relativement marginal dans les années soixante, connaît un développement considérable en raison de leur rôle dans l'alimentation du bétail. Cela conduit la CEE à favoriser, à l'aide de subventions, la production de colza et de tournesol qui se substituent au soja importé des États-Unis.

La production communautaire d'oléagineux, estimée en équivalent farine de soja, passe ainsi de 259 000 tonnes en 1966 à 5,3 millions de tonnes en 1988, alors que les ventes des États-Unis à la CEE diminuent fortement dans les années quatre-vingt, passant de 11,5 millions de tonnes en 1980 à 5,1 millions de tonnes en 1991. Cette diminution des exportations américaines résulte également de l'apparition de nouveaux producteurs, comme le Brésil et l'Argentine, qui ont conquis des places importantes sur le marché européen. Les États-Unis estiment à une perte annuelle de 1,4 milliard de dollars d'exportations l'impact de la politique européenne (voir [24]).

Les États-Unis introduisent une plainte en 1986 devant le GATT, fondée sur la violation de l'article III : les importations de produits oléagineux bénéficient d'un traitement moins favorable que les productions locales et les subventions remettent en cause les concessions tarifaires accordées en 1962. Le groupe spécial qui instruit cette plainte présente un rapport adopté par le Conseil du GATT le 25 janvier 1990 (voir *GATT Focus*, n° 68, février 1990). Ce rapport donne entièrement satisfaction aux États-Unis, en considérant que les primes et subventions versées sont incompatibles avec l'article III de l'Accord général et que la CEE doit mettre ses règlements en conformité avec l'Accord général.

Il faut remarquer que, à l'occasion de cette réunion du Conseil, la CEE fait savoir qu'elle ne s'opposerait pas à l'adoption de ce rapport si un consensus se dégageait en sa faveur. Cependant, elle soutient que les conclusions du groupe spécial soulèvent des problèmes sur l'interprétation de divers articles de l'Accord général, articles qui font l'objet d'un réexamen dans le cadre de l'Uruguay Round, ce qui soulève l'opposition de l'Australie (voir *GATT Focus*, n° 68, février 1990).

Le nouveau régime de soutien aux producteurs européens d'oléagineux introduit par la CEE en décembre 1991 fait l'objet d'une nouvelle plainte des États-Unis. Le même groupe spécial est saisi du dossier et conclut que la CEE doit agir rapidement soit en modifiant son nouveau régime de soutien, soit en renégociant les concessions tarifaires. C'est la première possibilité que la CEE déclare vouloir suivre. En effet, la CEE réforme, en mai 1992, la PAC en développant un système d'aides au revenu liées à des diminutions de la production. Le 19 juin 1992, le Conseil du GATT autorise la CEE à poursuivre dans cette voie (*GATT Focus*, n° 90, mai 1992).

• *L'accord de novembre 1992 (dit de Blair House).* — La démarche suivie en 1992 ne passe pas par les instances du GATT : il s'est agi de négociations bilatérales entre la CEE et les États-Unis qui doivent trouver leur matérialisation dans le groupe de négociation de l'Uruguay Round. L'accord obtenu en novembre 1992 (un préaccord en fait par rapport aux NCM) lie les différents problèmes agricoles, d'une part, en annonçant une limitation des exportations subventionnées par les deux parties (de 21 %) et, de l'autre, une réduction des surfaces plantées en oléagineux dans la CEE (passage de 5,621 millions d'hectares à 5,128 millions d'hectares). A ces mesures s'ajoute une ouverture accrue aux importations.

Cet accord a été accueilli favorablement par les parties contractantes lors de la 48e session, mais les membres du GATT intéressés par le dossier des oléagineux ont manifesté leur intention de poursuivre leurs discussions avec la CEE (voir *GATT Focus*, n° 96, janvier 1993). Par ailleurs, le contenu même de l'accord a été contesté par de nombreux responsables politiques ou socioprofessionnels français qui estiment que les concessions faites vont au-delà des obligations découlant de la réforme de la PAC.

Pendant l'année 1993, des demandes diverses de renégociation de l'accord de Blair House ont été présentées, la France ayant réussi, en septembre 1993, à rallier à sa position les autres pays de la CEE. Les points en débat ont été très techniques (par exemple, la période de référence retenue pour calculer les nouveaux volumes d'exportations ou encore les modalités d'appréciation de l'ouverture aux importations). Ces demandes ont rencontré un refus systématique américain pendant l'année 1993 ; cependant, au début de décembre 1993, la réouverture du dossier a été obtenue, ce qui a permis l'aboutissement des négociations.

Le résultat des NCM

Fondamentalement, l'accord obtenu ne diverge pas de l'accord de Blair House, mais apporte des précisions ou des extensions. C'est ainsi que la diminution de 21 % des exportations subventionnées concerne l'ensemble des parties contractantes, la période de référence retenue pour le calcul étant 1991-1992 ; elle doit être obtenue d'ici 1999. Par ailleurs, il a été convenu que l'ouverture aux importations doit être appréciée par grande famille de produits et non produit par produit (ce dernier mode de calcul aurait pénalisé l'agriculture européenne). Il faut signaler que cette ouverture aux importations est une nouveauté pour des pays d'Asie, comme la Corée du Sud et le Japon, qui ont donc renoncé à la prohibition totale des importations de riz. Dans les deux cas, des répercussions politiques sensibles se sont manifestées (le Premier ministre coréen allant jusqu'à démissionner). Enfin, au terme d'une « clause de paix », les États-Unis se sont engagés à ne pas remettre en cause la PAC pendant une période de neuf ans.

3. La négociation sur les services

La prise en compte des services par l'analyse économique est un phénomène relativement récent en raison des difficultés rencontrées pour penser l'immatériel (voir [30]). Cette nouveauté explique, en partie, l'importance donnée aux travaux de classification ou de typologie qui cherchent à cerner l'originalité et la spécificité des services. Le problème se pose en particulier lorsque la dimension internationale des services est envisagée : peut-on expliquer les échanges internationaux de services par les mêmes théories que celles qui rendent compte des mouvements de marchandises ?

L'introduction des services dans le cycle de l'Uruguay Round, si elle s'impose au vu de l'importance du commerce international des services au regard de celui des produits agricoles, par exemple, ne s'est pas faite sans difficultés en raison de l'opposition entre pays développés et pays en développement sur cette question, mais aussi entre la CEE et les États-Unis.

Les intérêts en présence

Selon les constats réalisés par le groupe de négociation sur les services, les exportations de services ont crû, dans les années quatre-vingt, deux fois plus vite que les exportations de marchandises. Toutefois, il semble difficile que la part des services dans le commerce mondial aille au-delà du niveau enregistré sans que soient instaurées des règles commerciales. En effet, les exportations de services sont menacées par de très nombreuses mesures protectionnistes qui prennent le plus souvent la forme de prohibitions.

• *Les oppositions dans la négociation.* — Les États-Unis ont proposé dès novembre 1982 d'inclure les services dans le futur cycle de négociations (voir [31]). Cette idée n'a pas soulevé un enthousiasme général, notamment en raison de l'inquiétude des pays en développement qui associaient une libéralisation des échanges de services à une domination des firmes multinationales américaines. Cette position s'est d'ailleurs traduite dans un premier temps, lors de la réunion de

Punta del Este en septembre 1986, par un refus d'un groupe de dix pays, conduits par le Brésil et l'Inde, de participer à des négociations sur les services. Symétriquement, les États-Unis refusaient un cycle de négociations dont les services seraient exclus (voir [31], p. 242). La structure des groupes de négociation, qui met en parallèle le groupe des services et les quatorze groupes des marchandises, résulte d'un compromis élaboré par la CEE.

Pourquoi certains pays en développement manifestaient-ils une telle crainte à l'égard d'une libéralisation du commerce de services ? Cela peut se comprendre si l'on raisonne sur les catégories « modernes » des services, comme les services financiers (banque, assurance). Il s'agit là d'activités très fortement réglementées, pour des raisons qui tiennent souvent à la volonté de contrôle dans un but d'indépendance économique et de politique économique.

Il est d'ailleurs intéressant de remarquer que les États-Unis ne pratiquent pas la liberté d'exercice de l'activité bancaire sur leur territoire national : dans de nombreux États, il est interdit à des ressortissants étrangers de siéger dans les conseils d'administration des banques et d'autres réglementations contraignantes freinent l'implantation de filiales de banques étrangères (voir [32]). Ainsi, une banque étrangère ne peut exercer son activité dès le départ sur l'ensemble du territoire des États-Unis : l'autorisation d'exercice doit être demandée dans chacun des cinquante États composant la fédération.

Une libéralisation des échanges de services permettrait donc à des compagnies d'assurances ou à des banques étrangères de s'implanter dans les pays en développement. En revanche, comme le craignent les pays opposés aux négociations, aucun flux compensatoire vers les marchés des pays développés ne peut naître, les PVD ne disposant d'aucun avantage dans ces activités. La libéralisation serait alors à l'origine d'une perte nette pour ces nations.

• *Les exportateurs de services.* — L'intérêt récent pour les services explique la faible qualité de l'appareil statistique disponible pour étudier le phénomène. Si l'on reprend les chiffres publiés par le GATT sur le commerce international de services en 1991, il est possible de donner quelques indications générales. Les exportations invisibles de services commerciaux s'élèvent à 890 milliards de dollars. Elles sont fortement concentrées au sein des pays développés, puisque l'Amérique du Nord et l'Europe occidentale effectuent 70 % de ces exportations en 1991 (contre 62 % pour les marchandises).

La hiérarchie des nations exportatrices de services est différente de celle des marchandises : la France est le deuxième exportateur mondial de services (le quatrième pour les marchandises), derrière les États-Unis, le Japon n'étant que le sixième (le troisième pour les marchandises). Le décalage le plus significatif entre les deux classements est celui qui affecte les pays d'Asie du Sud-Est fortement exportateurs de marchandises : les performances à l'exportation de services de la Corée du Sud, Hong Kong, Singapour, Taiwan sont beaucoup plus médiocres.

Le déroulement des négociations

Les négociations sur les services se sont engagées avec trois objectifs principaux : *a)* la création d'un cadre multilatéral pour ce commerce ; *b)* l'expansion de ce commerce dans des conditions de transparence et de libéralisation progressive ; *c)* la promotion, grâce à cette expansion, de la croissance de tous les partenaires et le développement des pays en développement (voir *GATT Focus*, n° 71, mai 1990). C'est lors de l'examen à mi-parcours de l'Uruguay Round, qui s'est tenu à Montréal en décembre 1988, que les négociations se sont débloquées : des lignes directrices ont été établies et des étapes ont été définies. Huit principes généraux ont ainsi été retenus (voir *GATT Focus*, n° 71, mai 1990, p. 6) :
— *transparence :* diffusion de l'information relative à toutes les lois, réglementations et directives concernant le commerce des services ;
— *libéralisation progressive :* un accord-cadre multilatéral doit assurer une libéralisation progressive du commerce des services, compte tenu des objectifs de politique nationale, avec une flexibilité appropriée pour que les pays en développement puissent adapter la libéralisation à leurs spécificités ;

— *traitement national :* application de la règle de l'Accord général ;
— *application de la clause de la nation la plus favorisée :* application de la règle de l'Accord général ;
— *accès aux marchés :* application de la règle de l'Accord général ;
— *participation croissante des pays en développement :* elle devrait être obtenue grâce au renforcement de la capacité de ces pays à fournir des services ; elle serait facilitée grâce à un accès amélioré aux circuits de distribution et aux réseaux d'information ;
— *sauvegardes et exceptions :* sont envisagées des sauvegardes reposant sur des raisons de balance des paiements et des exceptions fondées sur des objectifs de sécurité et de politique culturelle ;
— *situation en matière de réglementation :* le droit des pays, en particulier des pays en développement, d'instaurer de nouvelles réglementations compatibles avec les engagements découlant du cadre multilatéral est reconnu.

En 1989, des travaux du groupe de négociation ont eu lieu pour tester l'applicabilité de ces principes dans six secteurs de services : les télécommunications, la construction, les transports, le tourisme, les services financiers, les services professionnels (services comptables, juridiques, publicitaires, de santé, relatifs aux logiciels...). Ces travaux ont mis en évidence les différences d'approche entre les nations, en particulier sur les réglementations de l'immigration. Ce problème se pose par exemple pour la construction où les mouvements de main-d'œuvre liés à la fourniture du service jouent un rôle important. C'est ce qui a conduit l'Inde à demander un assouplissement des restrictions aux flux internationaux de main-d'œuvre afin d'assurer la participation des pays en développement au commerce de ce type de services (voir *GATT Focus*, n° 71, mai 1990, p. 6).

Les négociations ont conduit à la formulation de deux propositions ; la première, émanant de la CEE et des États-Unis, prévoit que tous les services seraient couverts par un accord de libéralisation des échanges, mais que certains pays pourraient proposer d'exclure certains services ou formuler des réserves à leur propos. La seconde, qui provient de onze pays d'Amérique latine auxquels se sont joints sept pays d'Afrique et d'Asie, propose, à l'inverse, une libéralisation progressive commençant par des concessions des pays développés. Les libéralisations futures émanant des pays en développement seraient fonction des bénéfices retirés par eux de la première libéralisation et seraient conformes à leurs objectifs en matière de développement et de technologie (*GATT Focus*, n° 71, mai 1990, p. 5).

C'est sur cette trame de fond que les négociations se sont poursuivies, à la fois au niveau global et aussi par groupes de travail correspondant aux six secteurs retenus en 1989. Il a été de surcroît décidé de créer deux groupes de travail supplémentaires, l'un sur l'audiovisuel et l'autre sur la mobilité de la main-d'œuvre. Les différents groupes sectoriels ont été chargés d'élaborer des recommandations avant le 20 octobre 1990 sur les possibilités de libéralisation du commerce de services dans leur domaine.

En fait, tout au long de l'année 1993, une opposition croissante entre la CEE, emmenée par la France, et les États-Unis s'est manifestée à propos de l'audiovisuel. La position défendue par les États-Unis, dont les exportations dans ce secteur sont importantes, est la revendication d'une liberté totale d'accès aux marchés étrangers. La position française, en revanche, se fonde sur la notion d'« exception culturelle », ce terme voulant traduire la spécificité des créations intellectuelles qui ne devraient pas être traitées comme des marchandises. De cette analyse découlent des propositions d'instauration de quotas pour la diffusion des œuvres cinématographiques, des productions destinées à la télévision ou encore des chansons ainsi que le maintien des régimes de subventions à la création.

Les résultats des NCM

L'Uruguay Round a abouti à un Accord général sur le commerce des services (ou GATS, selon l'acronyme anglais), conforme aux principes généraux exposés, mais qui ne concerne pas l'ensemble des dossiers retenus. En effet, les États-Unis, considérant comme insuffisantes les propositions européennes dans l'audiovisuel, ont préféré que ce secteur ne figure pas dans l'accord. Ce dernier reprend des principes du GATT (nation la plus favorisée, non-discrimination, restrictions destinées à protéger l'équilibre de la balance des paiements...), mais ajoute des obligations. Ainsi, l'article III prévoit une obligation de transparence de toutes les réglementations pouvant affecter le commerce des services. L'article IV établit des dispositions particulières pour faciliter la participation croissante des pays en développement, avec une priorité spéciale pour les pays les moins avancés.

Cependant, les résultats concrets risquent de se faire attendre : par exemple, un délai de deux ans est accordé pour l'accès des PVD aux renseignements relatifs au commerce des services. La libéralisation progressive, quant à elle, est renvoyée à un délai de cinq ans et à des séries de négociations successives (art. XIX). Par ailleurs, les États-Unis ont obtenu un délai de deux ans pour ouvrir leur marché national aux services financiers étrangers. Ce délai s'explique par la volonté de s'assurer que la réciprocité est bien assurée par les pays d'Asie. La libéralisation dans le commerce des services est donc plutôt programmée que réalisée par l'accord de l'Uruguay Round.

4. Les réformes institutionnelles

L'acte final de l'Uruguay Round est composé d'une série d'accords particuliers qui dessinent une nouvelle organisation du GATT. L'architecture générale est à la fois proche du GATT existant (certaines institutions changent simplement de nom), mais présente des innovations significatives comme la création de l'OMC (Organisation mondiale du commerce). Le GATT va devenir l'OMC, elle-même gestionnaire de plusieurs accords.

Les différents accords de l'Uruguay Round

L'acte final comporte quatre grands accords : l'accord instituant l'OMC, les accords sur le commerce de marchandises, l'accord général sur le commerce des services, l'accord relatif aux ADPIC (Aspects des droits de propriété intellectuelle qui touchent au commerce). Les accords sur le commerce des marchandises comprennent à la fois des accords par produit (agriculture, textiles et vêtements...) et des accords liés aux principes (subventions, sauvegardes...). L'accord sur le commerce des services a été évoqué plus haut. L'accord sur les ADPIC établit un ensemble de règles destinées à protéger les droits d'auteur, les marques, les dessins, les brevets... et fixe les moyens de faire respecter ces droits. L'OMC est le gestionnaire de chacun de ces trois accords (marchandises, services, ADPIC) au travers d'un conseil constitué au sein du conseil général de l'OMC (voir ci-dessous).

A ces accords s'ajoutent le mémorandum d'accord concernant les règles et procédures régissant le règlement des différends et, enfin, le mécanisme d'examen des politiques commerciales. Le mécanisme d'examen des politiques commerciales existe depuis avril 1989 (voir chapitre II); son principe n'est en rien modifié.

Le mémorandum relatif au règlement des différends fixe les modalités d'instruction des plaintes, mais prévoit aussi des mesures assurant l'efficacité des condamnations. L'étape préliminaire lors d'un différend est une demande de consultations, émanant de la nation qui s'estime lésée, au pays qui a pris les mesures contestées. Si ces consultations n'aboutissent pas à une solution dans un délai de soixante jours, le plaignant peut demander la constitution d'un groupe spécial qui doit apprécier la plainte au regard des accords invoqués. Le groupe spécial est composé normalement de trois experts, en excluant les ressortissants des parties au différend ; il doit, après consultations des parties au différend, fixer des délais de réponse aux communications écrites des parties.

Dans le cas où aucune solution n'est trouvée, le groupe spécial élabore un rapport exposant ses constatations et ses recommandations, dans un délai global d'au maximum six mois. Ce rapport est ensuite examiné par l'Organe de règlement des différends, issu du Conseil général de l'OMC (voir *infra*), dans un délai de soixante jours, sauf en cas d'appel.

En l'absence d'appel, le rapport est adopté, sauf si l'Organe de règlement des différends décide par consensus de le rejeter. En cas d'appel, le rapport est soumis à un organe d'appel, composé de sept personnes spécialistes du droit et du commerce international, qui doit rendre son avis, sous forme d'un rapport, dans les soixante jours. Les règles d'adoption du rapport sont les mêmes que précédemment. L'ensemble de la procédure doit durer au maximum neuf mois en l'absence d'appel et douze mois avec appel.

Pour assurer une véritable résolution des différends, il est prévu une procédure de suivi des décisions : le pays qui a été condamné doit informer dans les trente jours suivant l'adoption du rapport de ses intentions sur la mise en œuvre des recommandations. Il doit s'y conformer immédiatement ou dans un délai raisonnable ; dans le cas contraire, des mesures temporaires de rétorsion sont possibles, comme la suspension de concessions ou d'autres obligations dans le même secteur (marchandises, services ou ADPIC) que celui concerné ou, si cela est impossible, dans un autre secteur. Ces mesures temporaires seront levées dès lors que la mesure incriminée a été éliminée.

L'Organisation mondiale du commerce (OMC)

L'OMC constitue un cadre englobant l'Accord général de 1947 et les résultats des NCM de l'Uruguay Round. Sa création n'introduit donc aucune modification de fond sur les principes du GATT exposés dans le chapitre II. En revanche, de nouvelles structures sont créées et des anciennes changent de nom. Le premier changement significatif est la disparition du terme « partie contractante » : l'OMC est constituée de membres qui sont les anciennes parties contractantes du GATT.

La structure de l'OMC est la suivante : une conférence ministérielle, composée de représentants de tous les membres, exerce les fonctions de l'OMC et se réunit au moins tous les deux ans. La conférence ministérielle est l'équivalent de la session des parties contractantes du GATT. Parallèlement, un Conseil général composé de représentants de tous les membres se réunit lorsque nécessaire et exerce les fonctions de la conférence ministérielle entre les réunions de celle-ci. Le Conseil général correspond donc au Conseil du GATT. Le Conseil général remplit les fonctions de l'Organe de règlement des différends (voir ci-dessus) et celles de l'Organe d'examen des politiques commerciales. Le Conseil général supervise enfin les travaux du Conseil du commerce des marchandises, du Conseil du commerce des services et du Conseil des ADPIC. Enfin, trois comités sont établis : celui du commerce et du développement, celui des restrictions appliquées pour des raisons de balances des paiements, celui du budget, des finances et de l'administration. A côté de ces organes représentant les membres de l'OMC, il existe un secrétariat, dirigé par un directeur général.

Les décisions doivent être prises par consensus ou, à défaut, à la majorité des votes émis, sauf stipulation contraire. Chaque membre a une voix, les Communautés européennes ayant autant de voix que d'États membres. Des majorités qualifiées sont prévues. Ainsi, les trois quarts des membres sont nécessaires pour accepter une interprétation des accords ou pour relever temporairement, au maximum pour un an renouvelable, un membre d'une obligation imposée par un accord. En revanche, l'accession de nouveaux membres comme les amendements aux accords doivent rencontrer l'adhésion des deux tiers des membres.

L'OMC ne se substitue au GATT qu'à compter du 15 avril 1994, date de la signature à la réunion ministérielle de Marrakech. Toutes les parties contractantes du GATT, à cette date, deviennent membres de l'OMC.

La conclusion de l'Uruguay Round, alors que l'hypothèse d'un échec a été avancée à plusieurs reprises, en particulier à l'automne 1993, signifie-t-elle que tous les problèmes ont été réglés ? En fait, le bilan que l'on peut tirer de l'accord final est mitigé : des dossiers importants ont avancé, comme ceux de l'ADPIC, des services ou de l'agriculture, mais leur règlement définitif dépend de négociations complémentaires et surtout de l'application effective des décisions. Par ailleurs, des points d'affrontement n'ont pas trouvé de solution : outre le cas de l'audiovisuel, c'est aussi le cas de l'aéronautique (voir encadré). En fait, la libéralisation des échanges internationaux dans les années quatre-vingt-dix reste soumise à des menaces pour des raisons de fond.

Le conflit Europe-États-Unis dans l'aéronautique

Le conflit dans le secteur aéronautique entre les États-Unis et la CEE est l'un des plus connus ; il est, sous une forme extrêmement simplifiée, devenu l'archétype utilisé pour illustrer les principes des modèles de politique industrielle stratégique (voir chapitre III).

La cible des critiques américaines est le Groupement d'intérêt économique européen, Airbus Industrie, qui regroupe des firmes française, allemande, britannique et espagnole. Les deux premières, l'Aérospatiale et Deutsche Airbus, ont 37,9 % du capital, British Aerospace 20 % et la CASA espagnole 4,2 %. Ce consortium produit des avions directement concurrents de ceux construits par Boeing et par McDonnel Douglas.

Pourquoi les firmes américaines, relayées par les pouvoirs publics des États-Unis et par la presse américaine, attaquent-elles les Airbus ? L'argument défendu est très simple : Airbus est subventionné par les gouvernements européens et la place prééminente des firmes américaines est remise en cause par une concurrence déloyale. La réplique des dirigeants d'Airbus consiste, d'une part, à mettre en cause les subventions dont les firmes américaines ont indirectement bénéficié en raison des programmes militaires financés par le Pentagone et, d'autre part, à indiquer qu'Airbus n'est plus financé par des subventions.

Airbus aurait-il pu produire des avions sans subventions ? La question mérite d'être posée car l'arrivée d'Airbus sur le marché des aéronefs civils a remis en cause la domination absolue des deux firmes américaines sur le marché mondial. C'est ainsi qu'en 1982 Boeing et McDonnel Douglas réalisaient plus de 95 % des nouvelles commandes d'avions alors qu'en 1990 leur part est tombée à 70 % (voir [33]).

La concurrence entre les avionneurs américains et européens prend place sur des marchés tiers, mais aussi au sein des compagnies des États-Unis où les premières ventes remontent à 1977 et n'ont cessé depuis de se développer. Le débat est d'autant plus vif que les ventes d'avions ne relèvent pas de la seule logique économique : il existe traditionnellement des « chasses gardées ». C'est ainsi que les compagnies aériennes asiatiques sont clientes des avionneurs américains : leur changement de fournisseur a donc fortement inquiété les pouvoirs publics américains.

A la suite de diverses protestations émanant des firmes américaines, un rapport a été établi en 1989 par le ministère américain du Commerce international. Selon les données construites, en l'absence de rapports financiers publics d'Airbus Industrie (sa forme juridique ne crée d'obligations en ce domaine qu'à l'égard des quatre partenaires), Airbus aurait bénéficié de 26 milliards de dollars de subventions dès le milieu des années soixante-dix. Ces 26 milliards sont obtenus en considérant qu'Airbus a perçu 13 milliards directement, les 13 autres milliards correspondant aux frais financiers qu'aurait dû débourser une firme privée levant cette somme sur le marché des capitaux (voir [33]).

Pour les firmes américaines, ces subventions ont deux conséquences : d'une part, elles ont permis de développer une production qui n'aurait pu exister autrement ; elles conduisent ensuite Airbus Industrie à accorder des avantages excessifs aux clients éventuels. Ce dernier argument a été développé par Boeing en 1992 à la suite de la commande par la compagnie américaine Delta Airlines de neuf A 310. Boeing était en concurrence auprès de Delta Airlines avec ses 767-300. Airbus a emporté le marché en consentant une clause inhabituelle permettant à la compagnie aérienne d'annuler sa commande sans se voir imposer de pénalité financière. Le président de Boeing a réagi en liant cette clause aux subventions perçues par Airbus (voir [33], p. 27).

L'argumentation de la firme européenne

pour défendre sa situation comprend trois volets différents. Le premier porte sur la nature des subventions consenties : il ne s'agit pas de subventions à fonds perdus, mais d'avances remboursables. Ces remboursements s'effectuent selon un échéancier connu : 600 millions de dollars en 1991, 700 en 1992, un milliard de dollars par an entre 1993 et 1996 et ensuite 600 millions jusqu'en 2006 (voir [33], p. 28). Il faut cependant noter que ces remboursements, s'ils correspondent à peu près au montant de subventions retenu dans le rapport américain, ne répondent en rien au deuxième aspect du calcul, c'est-à-dire l'avantage d'un prêt gratuit estimé à 13 milliards de dollars.

Le deuxième volet tient aux modalités de financement des firmes américaines. Pour contrer l'argument d'avantages liés aux subventions versées, Airbus Industrie a demandé à un cabinet de Washington d'effectuer une étude sur les subventions perçues par Boeing et McDonnel Douglas. Celles-ci découlent des programmes d'aides à la recherche découlant de financements versés par le ministère de la Défense des États-Unis et par la NASA, ainsi que d'incitations fiscales. D'après les estimations du cabinet consulté, les subventions versées seraient comprises entre 33 et 41 milliards de dollars (voir [33], p. 28). Les Américains ne contestent pas la réalité du versement des subventions, mais leur montant : un des problèmes du calcul est le partage entre des subventions ayant des fins exclusivement militaires et des subventions ayant des retombées civiles.

Le troisième volet de l'argumentation européenne tient au fait que le prix de vente d'un Airbus ne va pas exclusivement aux quatre firmes européennes : une partie, variable selon les modèles, revient à des firmes américaines. En effet, la valeur d'un Airbus incorpore des équipements et surtout des moteurs qui sont achetés à des fabricants américains ou à des entreprises conjointes entre firmes américaines et européennes. La part américaine dans la valeur d'un Airbus varie ainsi, selon les modèles et les motorisations, de 9 % (pour un A 330 avec des moteurs Rolls Royce) à 32 % (pour un A 330 avec des moteurs Pratt et Whitney ou General Electric) (voir [34], p. 66). On constate alors que la part américaine est supérieure à la part française pour certaines motorisations des Airbus A 310 et A 330 *(ibid.)*. Cet état de fait, bien connu des spécialistes, est passé sous silence par Boeing et McDonnell Douglas : ces deux firmes sont des constructeurs d'avions et non des motoristes. Il doit cependant être pris en compte dans les bilans des impacts des ventes d'Airbus sur les emplois américains.

Une dernière défense d'Airbus et de son financement émane des responsables européens et non des dirigeants d'Airbus Industrie : si l'Europe souhaitait se doter d'une industrie aéronautique civile dans le segment des moyens et longs courriers, elle ne pouvait le faire qu'à l'aide de subventions. Les États-Unis se trouvaient en situation de monopole pour des raisons historiques ; les barrières à l'entrée de ce secteur étaient telles qu'aucune banque n'aurait accepté d'avancer des fonds sur le projet Airbus. Avec des variantes, l'argument avancé se rapproche de celui de List sur la protection de l'industrie dans l'enfance (voir chapitre I) ; la différence fondamentale vient de ce que cette remise en cause de la spécialisation internationale ne s'est pas faite par l'instauration d'un tarif douanier, mais par la mise en place de subventions à un producteur domestique.

La question qui se pose alors est de savoir si cette politique industrielle stratégique est économiquement fondée ou non. Il est possible de procéder à des estimations empiriques en calculant les grandeurs significatives pour juger de l'intervention des pouvoirs publics, à savoir le surplus des consommateurs et celui du producteur (voir chapitre II). Cela permet de comparer deux situations : celle où il existe un monopole américain et où les pays européens ne versent pas de subventions et celle où Airbus est produit grâce aux subventions octroyées. Les premières études empiriques montrent qu'en subventionnant l'Airbus A 300, l'Europe fait une perte de bien-être par rapport à un monopole du Boeing 767 avec libre-échange. En effet, l'accroissement du bien-être du consommateur européen qui résulte de la concurrence n'est pas

97

suffisante pour compenser les coûts des subventions pour les contribuables (voir [35]). Toutefois, les résultats devraient être réenvisagés à la suite de l'élargissement de la gamme des Airbus (le dernier modèle, l'Airbus A 321, produit à partir de 1993, est entièrement financé sans subventions) et de l'amélioration des résultats financiers d'Airbus Industrie dont les profits se seraient élevés à 250 millions de dollars en 1991, soit environ 3 % de taux de marge, contre 5,5 % pour Boeing (voir [33], p. 28).

Si les attaques des firmes américaines contre le financement d'Airbus sont fondées, si les estimations des ventes perdues chaque année en raison de cette concurrence déloyale sont exactes (plus de 850 millions de dollars par an, voir [24]), pourquoi les États-Unis ne soumettent-ils pas le différend au GATT ? Curieusement, le GATT n'a été saisi que d'un différend très secondaire par rapport à l'ensemble du dossier : il s'agit d'une garantie de change accordée par le gouvernement allemand à Deutsche Airbus à l'occasion d'un plan d'ensemble visant à favoriser l'absorption de MBB et de sa filiale Deutsche Airbus par Daimler Benz. Cette garantie de change a été considérée comme contraire à l'Accord général.

Dans le marché de l'aéronautique, les transactions sont facturées et réglées en dollars. Or, la construction d'un Airbus puis sa vente font intervenir des échanges complexes : les aéronefs sont assemblés en France par l'Aérospatiale qui achète à ses partenaires européens les composants ainsi que les équipements et des moteurs à des entreprises américaines. La profitabilité de chacune des firmes dépend donc du prix de vente de l'Airbus, converti dans chacune des monnaies nationales.

Dans les années quatre-vingt, les taux de change des différentes monnaies européennes par rapport au dollar ont fluctué fortement. Quand, par exemple, de 1985 à 1987 le taux de change moyen du franc français en dollars passe de 8,98 francs pour un dollar à 6 francs, cela implique donc qu'une vente pour 100 millions de dollars ne rapporte plus que 600 millions de francs, contre 898 millions de francs antérieurement. Il y a donc, dans ce cas, une perte de change, liée elle-même au risque de change. Les entreprises disposent de méthodes tout à fait classiques pour se prémunir du risque de change, grâce à des instruments plus ou moins sophistiqués. Le gouvernement allemand a choisi pour sa part, en 1989, d'assurer Deutsche Airbus contre le risque de change.

En 1989, le gouvernement allemand institue un programme d'assurance pour Deutsche Airbus qui établit que, si le cours du dollar est inférieur à un taux de référence spécifié, l'État allemand couvrira jusqu'à l'an 2000 la majeure partie des pertes qui en résulteront. L'administration allemande ne perçoit, au titre de cette assurance, ni primes ni intérêts. Ce programme a été approuvé par la Commission des Communautés européennes en mars 1989. D'après les estimations américaines, les sommes versées en 1990 se seraient montées à 390 millions de DM, soit une subvention de 2,5 millions de dollars par avion livré par Airbus (*GATT Focus*, n° 80, avril 1991, p. 8).

Les États-Unis ont des consultations bilatérales avec la CEE sur cette question dès mars 1989 et, en l'absence de résultats, demandent l'établissement d'un groupe spécial du Comité des subventions (issu du Tokyo Round), puisque le code des subventions, dans son article 9, interdit de telles pratiques qui sont assimilées à des subventions à l'exportation (*GATT Focus*, n° 80, avril 1991, p. 8). La CEE ne s'est pas opposée à l'examen de la plainte des États-Unis par un groupe spécial du Comité des subventions mais, en revanche, souhaitait que soit également consulté le Comité des aéronefs civils, lui aussi issu du Tokyo Round, puisque l'accord l'instituant prévoit des dispositions particulières sur le règlement des différends entre les parties contractantes signataires de cet accord. La demande de la CEE a été refusée par le Comité des subventions (*ibid.*).

Le 28 avril 1992, le Comité des subventions examine le rapport du groupe spécial. Celui-ci conclut que la mesure prise par l'Allemagne constitue bien une subvention aux exportations et recommande que le programme d'assurances contre les risques de change soit rendu conforme au code des subventions (*GATT Focus*, n° 90, mai 1992, p. 8). La CEE n'a pas accepté que ce rapport soit adopté car, selon elle, les disciplines du code des subventions ne peuvent s'appliquer aux exportations d'un État membre de la CEE vers un autre. L'argumentation est la suivante : la CEE est seule signataire du code, et non les pays membres de la CEE. Cela impliquerait que les obligations du code ne lui incombent que pour les exportations vers les autres signataires *(ibid.)*. Les exportations de Deutsche Airbus vers l'Aérospatiale ne relèveraient donc pas des obligations du code. Cependant, dans le même temps, la CEE a annoncé que le gouvernement allemand avait suspendu l'application du programme avec effet à compter du 15 janvier 1992.

Ainsi le différend entre la CEE et les États-Unis dans le secteur aéronautique n'a pour l'instant été évoqué devant le GATT que sous un angle tout à fait mineur. Il faut cependant signaler que, le 26 septembre 1991, le dossier global, sous l'angle de l'incompatibilité des subventions versées pour la production d'Airbus avec le code des subventions, a été présenté devant le Comité des subventions. Ce comité a tenté de régler ce différend par une procédure de conciliation. La CEE, tout en acceptant cette procédure, a proposé aux États-Unis de reprendre les négociations bilatérales sur le différend relatif à Airbus parallèlement à l'ouverture de négociations multilatérales dans le cadre de l'accord relatif au commerce des aéronefs civils (*GATT Focus*, n° 84, septembre 1991, p. 8).

Un accord, hors GATT, a été trouvé en mai 1992, les deux pays s'engageant à plafonner les aides remboursables à 5 % de la valeur totale des avions produits. Mais les déclarations du président Clinton en février 1993, invoquant de nouveau les 26 milliards de dollars de subvention à Airbus pour critiquer la concurrence déloyale européenne, montrent que le dossier n'est pas clos. En fait, l'Uruguay Round aurait dû permettre une renégociation de l'accord relatif au commerce des aéronefs civils, issu du Tokyo Round. Il s'agit d'un accord *plurilatéral* et non *multilatéral* dont les signataires sont, outre l'Europe et la CEE, la Suède, le Japon et le Canada. En l'absence de compromis trouvé entre la CEE et les États-Unis, l'accord de 1992 continue de s'appliquer, pour une période d'un an à partir de l'entrée en fonction de l'OMC. Au-delà, c'est le code des subventions, beaucoup plus défavorable à la CEE, qui doit s'appliquer.

Le retard mis par les États-Unis à transmettre le différend au GATT laisse penser que le dossier n'est pas aussi dépourvu d'ambiguïtés que les positions publiques le laissent penser. En particulier, le fort contenu en importations américaines des Airbus donne un éclairage différent de celui retenu dans les proclamations de tribune. Par ailleurs, il semblerait que Boeing au moins ait été très en retrait devant cette initiative, par crainte de représailles européennes.

Ce conflit démontre aussi le rôle stratégique éventuel des saisies du GATT : alors que les critiques américaines contre Airbus sont explicitement fondées sur les principes de l'Accord général, la présentation du différend devant le GATT a attendu plus de dix ans. Il est possible de penser que Carla Hills, la représentante du commerce américain (voir chapitre VI), a utilisé ce dossier à des fins de politique intérieure (à l'égard du Congrès) et de politique extérieure (à l'égard de la CEE) pour montrer la détermination de l'administration américaine dans sa lutte contre la concurrence déloyale. Le GATT n'est donc pas qu'une arène où peuvent être réglés des conflits commerciaux ; c'est aussi un lieu où des différends sont mis en scène pour faire passer des messages à destination des opinions publiques et des partenaires commerciaux.

VI / Protection, libre-échange et GATT dans les années quatre-vingt-dix

Les difficultés rencontrées pour conclure l'Uruguay Round, la tendance persistante à la stagnation voire à la régression du PNB des pays développés en 1992 et 1993, la croissance des importations en provenance des nouveaux pays industrialisés conduisent, dans les années quatre-vingt-dix, à considérer sous un éclairage nouveau les politiques commerciales et le rôle du GATT. La grande nouveauté est la remise en cause du GATT, de son rôle, de son fonctionnement, de ses règles. Les attaques, nombreuses, viennent aussi bien du monde des affaires que de secteurs très variés du monde politique. L'un des protagonistes de ce débat en France, en 1992, est Alain Gomez, président de Thomson, avec sa prise de position en forme de provocation : « Le GATT doit mourir » (voir [36]).

L'existence d'un hiatus entre la théorie économique, fondamentalement libre-échangiste, et les milieux professionnels et politiques n'est pas nouvelle (voir chapitre I, *supra*). Mais ce hiatus va croissant et certains développements récents de l'analyse économique sont conçus, par beaucoup de commentateurs, comme une remise en cause du libre-échangisme, présenté comme un dogme dépassé.

En fait, de très nombreuses critiques se recoupent sur un point : le multilatéralisme n'apparaît pas (ou plus) comme la meilleure solution en raison des écarts considérables (de revenus, de salaires, de conditions de travail...) existant entre les nations échangistes, mais aussi en raison de l'existence d'une concurrence déloyale. Il serait dès lors plus intéressant d'approfondir les relations entre nations proches, notamment au sein de regroupements régionaux comme la CEE et de développer des garde-fous dans les échanges avec les autres ensembles. Ce faisant, les auteurs de ces critiques ou des propositions qui en découlent remettent en cause, de manière plus ou moins consciente, les principes mêmes de la spécialisation internationale.

1. Les nouveaux déterminants des échanges internationaux

Devant l'évolution des flux commerciaux internationaux dans les années quatre-vingt, l'idée de l'inadéquation des théories traditionnelles du commerce international s'est largement répandue. En revanche, les implications de ces théories en matière de politique commerciale et de principes devant réglementer ces flux ne font pas l'unanimité.

La remise en cause des théories traditionnelles

Les théories traditionnelles du commerce international, la théorie ricardienne et la théorie d'Heckscher-Ohlin expliquent les échanges entre les nations par les différences de caractéristiques entre celles-ci. Ces théories reposent sur des principes distincts, mais elles aboutissent aux mêmes résultats : la comparaison des aptitudes des nations à la production des biens révèle la nature des biens que les pays peuvent le mieux produire. Il est de leur intérêt de se spécialiser dans la production de ces biens, pour lesquels ils disposent d'un avantage comparatif, qu'ils consommeront et exporteront, et de remplacer la production des biens pour lesquels ils ont un désavantage comparatif par des importations (voir [1], p. 44-50). Le résultat de l'échange international sera ainsi profitable à tous les partenaires.

Ces deux grandes théories ont fait l'objet de critiques d'ordres très divers, au fil des années, mais leur remise en cause récente est centrée sur l'idée que le commerce international s'explique de plus en plus par la combinaison des stratégies des firmes et des États. Fondamentalement, c'est l'abandon de l'hypothèse de concurrence pure et parfaite entre les firmes et son remplacement par une analyse en termes de concurrence oligopolistique qui conduit à proposer de nouvelles théories. Contrairement aux théories traditionnelles qui sont par essence statique (les caractéristiques des nations sont considérées comme données), l'approche nouvelle s'inscrit dans une perspective de dynamique des échanges internationaux. Ces analyses correspondent à un nouveau domaine de recherche, l'économie industrielle internationale, l'économie industrielle étant concernée par l'analyse des comportements des firmes sur les marchés oligopolistiques (voir [37]).

L'explication des échanges internationaux par les nouvelles théories

Les caractéristiques de l'économie industrielle internationale font qu'il n'existe pas de théorie unifiée expliquant les échanges internationaux à partir d'un modèle général, mais, au contraire, une prolifération de modèles particuliers analysant les résultats de tel ou tel comportement des firmes dans un marché oligopolistique ouvert à la concurrence internationale. Pour donner une idée des résultats de cette nouvelle approche, il est possible de retenir un cas précis, sans doute le plus intéressant : celui où l'innovation technologique est l'arme essentielle de la concurrence.

Dans nombre de secteurs industriels, la concurrence se fait par l'apparition de nouveaux biens ou de nouveaux processus de production qui nécessitent des investissements importants dans la recherche et développement. Dans de tels secteurs, il existe en général des effets d'apprentissage qui diminuent les coûts marginaux de production en fonction des quantités produites antérieurement, ce qui permet aux travailleurs de produire des biens de meilleure qualité dans un laps de temps décroissant. Pour tous les secteurs qui présentent ces caractéristiques, il existe donc un avantage au premier entrant : la firme entrée la première dans la production du bien ne peut être rattrapée par un concurrent qui entrerait ultérieurement dans ce secteur, puisqu'il produirait toujours avec un coût supérieur.

Quelles sont les implications de cette barrière à l'entrée pour les échanges internationaux ? Le pays dont est originaire la firme entrée la première dans la production aura un monopole dans la production, donc dans les exportations du bien. Il y a dans cette approche des éléments permettant de comprendre pourquoi les spécialisations internationales sont instables : une fois que le bien n'est plus demandé par les consommateurs ou que des biens substituables sont apparus dans des firmes localisées dans d'autres pays, les flux d'exportations du pays abritant la première firme vont diminuer, puis disparaître.

Mais ce schéma général permet également de comprendre l'effet des interventions des États au moyen de subventions : si les dépenses de recherche et développement sont aidées par les pouvoirs publics, les gouvernements peuvent influencer les spécialisations internationales sans même établir des obstacles aux échanges internationaux, puisque les firmes ainsi aidées peuvent entrer les premières dans une production ou rattraper des firmes étrangères. En revanche, ce schéma montre sans ambiguïté comment le recours simultané de deux nations aux subventions détériore leur bien-être.

*Les implications des nouvelles théories
sur les politiques commerciales*

Le message qui a été retenu des nouvelles théories est un encouragement au protectionnisme, celui-ci pouvant améliorer, dans certains cas, le bien-être de la nation. Il faut cependant distinguer les critiques du libre-échange développées par les auteurs de ce courant de celles qui émanent notamment des milieux des affaires. Or, les études empiriques ont fortement relativisé la portée de ce résultat (voir chapitre VI, *supra*) et les critiques théoriques ont mis en évidence la sensibilité du résultat aux hypothèses de comportement et d'ordre d'intervention des firmes et des nations. Ce qui est plus remarquable encore, c'est que les auteurs qui ont développé cette approche ont une position, tous comptes faits, favorable au libre-échange.

C'est ainsi que Paul Krugman, l'un des fondateurs de la théorie de la politique commerciale stratégique, montre que, même si le libre-échange n'est pas optimal, la définition d'une politique d'intervention appropriée est une tâche très ardue qui, de surcroît, n'augmenterait que très faiblement le bien-être, ce qui le conduit à choisir le libre-échange (voir [38]).

En revanche, les résultats obtenus par les recherches en économie industrielle internationale permettent de jeter une nouvelle lumière sur quelques-unes des règles fondamentales du GATT (voir [39]). Ainsi, la mise en évidence des effets négatifs liés à la poursuite de politiques de subventions aux exportations conduites simultanément par plusieurs nations devrait renforcer le soutien à l'interdiction de ces subventions. Par ailleurs, la mise en évidence de gains à l'échelle mondiale, couplés avec des pertes pour certains pays, pourrait conduire à une coopération plus étroite entre le GATT et la Banque mondiale pour fournir des prêts permettant un ajustement structurel aux nations qui perdent lorsque sont mises en place des politiques commerciales qui améliorent le bien-être des autres nations.

2. La concurrence déloyale et la réglementation américaine

L'un des arguments des opposants au fonctionnement actuel du GATT est qu'il ne permet pas de lutter véritablement contre la concurrence déloyale, puisque sa condamnation doit rencontrer l'assentiment de la nation qui la pratique, étant donné la règle du consensus. Les lois commerciales américaines sont inspirées de cette idée, pour les dispositions célèbres que sont les sections 301 et « super 301 »; elles ont dû, cependant, résoudre une difficulté importante, à savoir la définition des pratiques déloyales.

Les pratiques déloyales

Si les États-Unis sont aussi sensibilisés au problème de la concurrence déloyale, très fréquemment mis en avant par les firmes et les officiels américains, c'est en raison de l'évolution structurelle des échanges internationaux qui les a installés, dans les années quatre-vingt, dans une position de nation dont la balance commerciale est déficitaire. Les principaux concurrents qui se sont alors révélés pour les producteurs américains sont, selon les secteurs, le Japon, les quatre nouveaux pays industrialisés d'Asie du Sud-Est (voir chapitre v, *supra*), mais aussi des nouveaux pays industrialisés du continent américain, comme le Brésil. De surcroît, les exportateurs américains se sont plaints de difficultés nouvelles pour accéder aux marchés de certains pays.

Cette nouvelle concurrence internationale a fortement traumatisé l'opinion américaine, en raison de la perte de la position hégémonique des États-Unis dont elle témoigne. Pour caractériser l'évolution de l'industrie américaine sur vingt ans, on peut retenir le découpage suivant : dans les années soixante, les entreprises américaines s'affrontaient entre elles, dans un marché largement fermé aux importations, et exportaient des produits pour lesquels elles disposaient d'une avance technologique importante sur les firmes européennes. A cette époque, la préoccupation européenne était en effet celle du retard technologique qui se manifestait dans tous les secteurs de l'industrie.

Dans les années quatre-vingt, les firmes américaines sont concurrencées sur leur territoire par des importations en provenance d'Europe, d'Asie, d'Amérique du Sud et par les productions réalisées sur place par des filiales de firmes étrangères implantées aux États-Unis. Ces importations et ces productions sur place concurrencent aussi bien les industries traditionnelles (cuir, textile, habillement) que les secteurs à technologie avancée (informatique, électronique, automobile, aéronautique). Par ailleurs, les exportations américaines sont menacées par les mêmes concurrents.

Cette évolution des échanges internationaux américains est à l'origine de deux réactions (voir [2], p. 66-67) : la première est le débat sur la « désindustrialisation » des États-Unis, qui commence à se développer en 1982. La crainte est que la concurrence internationale ne conduise à la disparition de certains secteurs de l'industrie américaine, avec des implications fortes sur l'emploi. Selon la présentation un peu caricaturale, vérifiée au niveau macroéconomique mais qui ne correspond pas nécessairement à des trajectoires individuelles, les ouvriers très bien payés de l'automobile (à qualification égale, leur salaire était le double du salaire moyen de l'industrie) mis au chômage par les importations d'automobiles japonaises n'ont pu trouver d'emploi que dans la vente de hamburgers, à un salaire quatre fois plus faible (le secteur des services est le seul à créer des emplois dans les années quatre-vingt). La conséquence de cette analyse est le discours sur la nécessité de développer une politique industrielle aux États-Unis, conformément aux pratiques européennes et japonaises.

Si cette proposition, fortement défendue par le milieu des affaires, n'a rencontré aucun succès sous l'administration républicaine de Reagan, puis de Bush, les nominations par Clinton en 1993 de Laura Tyson au poste de chef des conseillers économiques de la Maison Blanche et de Robert Reich au poste de secrétaire d'État au Travail sont apparues comme la reconnaissance de ce point de vue, ces deux professeurs s'étant faits connaître par la défense d'une politique industrielle américaine. Cependant, ces nominations n'ont pas conduit à l'adoption de mesures allant dans ce sens, du moins dans les mois qui ont suivi leur entrée en fonctions.

La deuxième réaction relève d'un refus d'accepter cette régression de la position concurrentielle des États-Unis (Jagdish Bhagwati, l'un des principaux théoriciens défendant le libre-échange, emploie le terme de syndrome du « géant déchu » ; voir [2], p. 66). Cela conduit à assimiler les réussites étrangères à des pratiques déloyales qui nécessitent des rétorsions de la part des États-Unis. Cette réaction a eu un impact immédiat, au travers de la législation américaine en matière de politique commerciale.

La législation américaine a été renforcée en août 1988, alors que les négociations de l'Uruguay Round étaient ouvertes, par l'*Omnibus Trade and Competitiveness Act*, ce qui est significatif de la volonté d'exercer des pressions et des rétorsions sur certains partenaires commerciaux des États-Unis.

L'utilisation de cette loi par les États-Unis repose sur une analyse particulière de la réciprocité et du « commerce loyal », le *fair trade* si souvent invoqué. Ce terme est *a priori* séduisant, mais s'il est riche de sous-entendus, il souffre de son imprécision. En fait, le sens donné au terme « loyauté » du commerce dépend de la conception de la réciprocité retenue (voir [40]).

La conception de la réciprocité qui préside aux négociations organisées par le GATT se contente de réductions réciproques des obstacles qui portent sur un volume identique des échanges. La réciprocité n'implique donc pas qu'à l'issue d'une négociation les droits de douane soient identiques pour tous les produits. Une réciprocité totale exige que les pays autorisent un accès identique à leurs marchés, secteur par secteur. Pour désigner cette situation, les Américains parlent d'un terrain de jeu nivelé *(level playing field)* ; lorsqu'elle n'est pas atteinte, le législateur américain considère qu'il existe des pratiques déloyales. Il s'agit d'une conception maximaliste de la réciprocité, que les partenaires des États-Unis n'ont pas cherché à faire prévaloir lors des négociations sur l'abaissement des droits de douane. C'est pourtant sur elle qu'est fondée une législation dont la fonction est double : agir sur les importations, mais aussi promouvoir les exportations.

La législation commerciale des États-Unis

L'appareil législatif des États-Unis en matière de politique commerciale a été élaboré dans divers textes, les plus importants étant le *Trade Act* de 1974 et l'*Omnibus Trade and Competitiveness Act* de 1988.

• *Les dispositions de la réglementation américaine.* — Quatre dispositions essentielles réglementent l'action sur les échanges internationaux :
— la section 201 est une clause de sauvegarde permettant des barrières commerciales temporaires lorsque l'accroissement des importations est la cause de dommages sérieux pour un secteur ;
— la section 701 établit le principe de droits compensateurs pour éliminer les effets de subventions à l'exportation versées par des gouvernements étrangers ;
— la section 731 fonde une intervention antidumping, c'est-à-dire qui conduit à l'instauration de droits de douane

lorsqu'il existe soit une discrimination des prix (les firmes étrangères vendent aux États-Unis à des prix inférieurs à ceux fixés sur leur marché domestique) soit une vente à un prix inférieur au coût total moyen de production ;

— la section 301 donne au représentant des États-Unis pour le Commerce international (cette fonction désormais désignée dans le texte par le terme « représentant du Commerce »), nommé par le président des États-Unis, le pouvoir de prendre toutes les mesures possibles et appropriées pour mettre fin aux barrières commerciales qui gênent les exportations américaines ainsi qu'aux subventions étrangères qui entravent les exportations américaines vers des pays tiers. La section 301 du *Trade Act* de 1974 a été renforcée par la section « super-301 » de l'*Omnibus Trade and Competitiveness Act* de 1988 : alors que la première a trait aux barrières sectorielles, la seconde a pour but de combattre des pratiques génériques ou systémiques qui restreignent l'accès des produits américains dans un pays.

Les trois premières dispositions sont classiques et conformes à la logique de l'Accord général ; en revanche, la quatrième est originale et peut être considérée comme une manifestation de l'agressivité unilatérale des États-Unis (voir [40]). Il ne s'agit plus, en effet, d'assurer une protection des firmes américaines contre des importations résultant d'une concurrence déloyale, mais de leur permettre de développer leurs exportations, menacées par la concurrence déloyale. La section 301 peut être comprise comme une réponse du Congrès des États-Unis à l'insatisfaction ressentie face à l'inefficacité de la procédure de résolution des différends du GATT, trop longue et dépourvue de sanctions ([40], p. 8). C'est pourquoi chacune des sections prévoit une procédure d'investigation et un calendrier contraignant qui garantit que les sanctions éventuelles seront prises rapidement.

• *Les sections 301 et « super-301 »*. — Quel est le domaine d'application de la section 301 ? Le texte prévoit que le représentant du Commerce doit engager des rétorsions contre tout acte, politique ou pratique, d'un pays étranger qui est considéré comme déloyal, c'est-à-dire « injustifiable », « déraisonnable » ou « discriminatoire » et qui s'attaque au commerce américain (voir [40], p. 8). Les premier et troisième termes peuvent être définis sans difficulté. Une pratique injustifiable viole les droits internationaux des États-Unis, une pratique discriminatoire dénie le traitement des importations en provenance des États-Unis à l'identique des biens nationaux ou selon la clause de la nation la plus favorisée.

En revanche, le deuxième qualificatif — « déraisonnable » — est beaucoup plus flou ; il a été défini de manière très large par le *Trade and Tariff Act* de 1984 et recouvre (voir [42], p. 8-9) :
— le refus d'accès loyal et équitable aux opportunités du marché ;
— le refus de la possibilité d'établir une entreprise ;
— le refus d'une protection adéquate des droits de la propriété intellectuelle ;
— le « ciblage » des exportations (*export targeting*), c'est-à-dire une combinaison d'interventions par un gouvernement étranger pour aider une entreprise ou un secteur à devenir plus compétitif à l'exportation d'un bien ;
— le refus d'accorder certains « droits des travailleurs internationalement reconnus » (c'est-à-dire ceux que reconnaît le Bureau international du travail) : droit de se syndiquer, de négocier collectivement, prohibition du travail forcé, âge minimal d'embauche, fixation de conditions de travail et de rémunérations minimales ;
— le fait que le gouvernement étranger tolère des activités anticoncurrentielles systématiques.

Les investigations relatives à la section 301 peuvent être déclenchées à la suite de la plainte d'une entreprise américaine ou à l'initiative du représentant du Commerce. A la suite d'une plainte, le représentant du Commerce commence une investigation qui passe par des consultations bilatérales directes qui peuvent aboutir ou non à un règlement négocié avec le gouvernement étranger. En l'absence d'accord, le représentant du Commerce peut établir des mesures de rétorsion comme la suspension du bénéfice d'accords commerciaux pour les pays concernés, l'instauration de droits de douane ou d'autres restrictions aux importations qui peuvent être appliquées à des biens et services autres que ceux faisant l'objet de l'action.

De 1979 à 1990, la section 301 a été utilisée soixante-sept fois (voir [41], tab. 2, p. 11), ce qui démontre la volonté des États-Unis d'assurer l'accès de leurs productions aux marchés étrangers. C'est ce que traduit la formule célèbre de Carla Hills (représentante du Commerce de février 1989 à janvier 1993) : « Nous ouvrirons les marchés étrangers avec une barre à mine où cela est nécessaire, mais avec une poignée de main toutes les fois où cela est possible. » (Voir [43].) Pour nombre de commentateurs, la seconde partie de la formule est apparue comme une concession purement verbale au libre-échange, alors que la première traduirait le véritable fondement de la politique commerciale des États-Unis.

Les dispositions de la section 301 sont apparues insuffisantes au Congrès des États-Unis qui, dans sa volonté d'être plus dur avec les concurrents étrangers déloyaux, a voté la section « super-301 » avec la loi de 1988. Le but de cette disposition est de libéraliser le commerce international sur la base de relations bilatérales. Son origine réside dans l'amendement Gephardt (un élu démocrate à la Chambre des représentants) qui établissait des mesures de rétorsion contre les partenaires commerciaux des États-Unis présentant des excédents commerciaux excessifs (voir [42], p. 11). Ces mesures de rétorsion se seraient appliquées jusqu'à l'élimination de l'excédent. Cette proposition, qui revenait implicitement à considérer que tout excédent commercial d'un partenaire des États-Unis relevait de la concurrence déloyale et donc à nier les fondements du commerce international, est apparue comme totalement arbitraire.

Aussi les principes retenus dans la section « super-301 » apparaissent-ils comme relativement modérés, par comparaison avec l'amendement Gephardt : le représentant du Commerce doit désigner chaque année les nations recourant systématiquement à des pratiques déloyales. Les nations ainsi accusées disposent d'un an à dix-huit mois pour supprimer les barrières aux échanges ; si aucun accord n'est trouvé, des mesures de rétorsion sont prises.

La section « super-301 » a permis de mettre en accusation plusieurs pays : le Brésil, en raison des restrictions quantitatives; le Japon, pour les barrières techniques au commerce et la politique d'achat public; l'Inde, notamment pour des mesures imposant des performances aux investisseurs étrangers (voir [40], p. 15). Le bilan que l'on peut faire de l'utilisation de la section « super-301 » révèle que son emploi est souvent stratégique. Ainsi la mise en accusation de l'Inde et du Brésil peut être liée à leur rôle de leaders des pays en développement s'opposant aux positions américaines dans les négociations de l'Uruguay Round. Par ailleurs, la Corée du Sud et Taiwan auraient fait des concessions pour éviter d'être mis en accusation au titre de la section « super-301 »: la menace de dénonciation serait suffisante.

Les dispositions américaines et les principes du GATT

Les dispositions contenues dans la loi commerciale américaine sont non conformes aux principes généraux du GATT. Le reproche essentiel que l'on peut adresser aux sections 301 et « super-301 » est qu'elles abordent le problème des barrières au commerce sur une base unilatérale, pour la définition des pratiques déloyales, et le résolvent sur une base bilatérale, par des menaces de rétorsions. Cette approche est donc doublement contradictoire avec le multilatéralisme fondateur du GATT.

La législation américaine a deux conséquences: la première est celle d'un détournement des échanges internationaux au détriment d'une véritable libéralisation des échanges. Plusieurs études consacrées aux conséquences de l'ouverture du marché coréen aux importations en provenance des États-Unis sous la pression de ces derniers (voir [2], p. 91 et [40], p. 14) ont montré que le volume global d'importations n'a pas augmenté, mais que les ventes américaines se sont faites au détriment des importations en provenance du Japon, de l'Argentine ou de la Chine, selon les produits. Si ces nations disposaient de la même réglementation que les États-Unis, elles seraient sûrement incitées à agir contre cette concurrence déloyale...

C'est là la deuxième conséquence prévisible des sections 301 et « super-301 »: une escalade qui, cette fois, ne serait pas protectionniste au sens habituel, mais protectionniste des exportations, selon l'expression de Bhagwati (voir [2], p. 137). Il est ainsi proposé, par certains auteurs, de doter la CEE d'une réglementation identique, si les États-Unis refusent de modifier leur loi commerciale (voir [44], p. 15). Les effets négatifs d'une telle escalade sont facilement imaginables.

3. Fluctuations des taux de change et commerce international

Les cycles de négociations du GATT ne portent que sur les droits de douane et les barrières non tarifaires ; dans les deux cas, il s'agit de grandeurs réelles, fixées par les pouvoirs publics. Or, les importations et les exportations sont déterminées également par des grandeurs monétaires : les taux de change. Le prix d'un bien importé résulte, en effet, de la conversion à un taux de change donné d'un prix exprimé dans une monnaie étrangère est un prix libellé dans la monnaie nationale. Lorsque les taux de change peuvent fluctuer rapidement et fortement, ces variables monétaires peuvent influencer les échanges internationaux.

Obstacles réels et obstacles monétaires aux échanges

A l'issue du Tokyo Round, la moyenne des droits de douane pour les produits industriels s'élève à un niveau tel que les barrières tarifaires ne sont plus un facteur de renchérissement significatif pour les biens, à de rares exceptions près. Il demeure certes des barrières non tarifaires qui peuvent, selon les cas, modifier dans des proportions plus importantes les prix des importations. Ainsi, les restrictions volontaires aux exportations japonaises d'automobiles aux États-Unis sont équivalentes à des droits de douane d'environ 11 % (voir [1], p. 40). Il est possible de retenir, à titre d'approximation, un ordre de grandeur de 20 % comme le niveau maximal d'enchérissement des importations lié aux barrières aux échanges, dans les cas normaux (des droits de 100 % peuvent exister, notamment aux États-Unis, dans des situations de rétorsion à une concurrence déloyale).

Cependant, les diverses mesures protectionnistes ne sont pas le seul facteur modifiant le prix relatif des importations par rapport aux biens produits nationalement : les variations des taux de change peuvent aussi être à l'origine de tels changements. Dans le système mis en place à Bretton Woods, les taux de change sont fixes et les modifications des parités sont exceptionnelles et faibles (voir chapitre II, *supra*). En revanche, depuis 1973 officiellement, en fait depuis 1971, les taux de change sont fluctuants, sauf dans le cas de monnaies liées par des accords de fixité des parités, comme au sein du Système monétaire européen et, contrairement aux attentes des défenseurs du flottement des taux de change, les variations des parités sont fortes et fréquentes.

Pour donner une idée des ordres de grandeur de ces variations, on peut retenir le cas du taux de change du dollar contre le deutsche mark : entre février 1985 et décembre 1987, le taux de change est passé de 3,47 marks pour un dollar à 1,57, soit une diminution de près de 55 %, alors que le dollar contre le yen s'est déprécié de 85 % entre février 1985 et juin 1987. Plus récemment, la sortie du SME de la lire, de la peseta se sont traduites, en 1993, par une dévaluation de ces monnaies face au franc français de 15 % pour la première et de 14 % pour la seconde.

Ces variations des taux de change sont explicables par des déterminants financiers multiples (voir [45]), mais elles ont des répercussions sur les phénomènes réels que sont les flux d'importations et d'exportations. Si l'on suppose que les firmes sont sur des marchés de concurrence pure et parfaite, les variations du taux de change sont totalement répercutées sur les prix des biens échangés internationalement. Ainsi, dans le cas des États-Unis, les importations en provenance d'Allemagne auraient dû voir leurs prix multipliés par 2,21 entre 1985 et 1987, c'est-à-dire subir une hausse de 121 %[1]. Celles en provenance du Japon auraient dû voir leurs prix augmenter de près de 570 %.

Comme les marchés relèvent de situations d'oligopole, les variations des taux de change ne sont répercutées ni immédiatement ni totalement. Il demeure néanmoins que les varia-

---

[1]. En 1985, un bien allemand acheté aux États-Unis un dollar vaut 3,47 marks ; en 1987, le même bien vaut, si la variation du taux de change est totalement répercutée, 3,47/1,57 dollars, soit 2,21 dollars.

tions des prix des importations par rapport aux prix des biens produits localement sont beaucoup plus sensibles aux modifications des taux de change qu'à l'instauration de mesures protectionnistes, étant donné les grandeurs respectives des phénomènes. Cette évidence conduit des auteurs à s'interroger sur l'importance des débats concernant le protectionnisme face aux implications des fluctuations des monnaies.

Variations des taux de change et promotion des exportations

Une idée largement répandue est que, à moment donné, les parités de certaines monnaies peuvent être sous-évaluées. C'est la thèse que soutient, par exemple, Maurice Allais (prix Nobel d'économie), pour qui, à la mi-1993, le dollar et le yen sont sous-évalués. La conséquence de cette situation est que les exportations japonaises et américaines bénéficient d'avantages importants par rapport aux productions réalisées dans les nations qui commercent avec les États-Unis et le Japon. Dans cette perspective, le libre-échange avec le Japon, par exemple, n'a aucun sens; pour Allais, « on ne saurait raisonnablement faire dépendre [...] l'avenir de l'industrie automobile européenne d'une valeur sous-évaluée du yen qui échappe à notre contrôle » (voir [46]).

Quel que soit l'intérêt de cette analyse, elle souffre cependant d'une faiblesse : elle suppose que soit possible la définition de la valeur d'équilibre du taux de change, puisque c'est uniquement par rapport à cette valeur que l'on peut déterminer si une monnaie est sous-évaluée ou non. Or, la définition des taux de change d'équilibre est un sujet de débats théoriques très vifs; sans les évoquer, il est possible de dire que ce concept n'est pas facilement saisissable. La variété des jugements exprimés à un moment du temps, pour savoir, par exemple, si c'est le franc français qui est surévalué ou bien le mark qui est sous-évalué, est révélatrice de la confusion qui existe dans ce domaine.

Il demeure cependant que l'instabilité des taux de change crée, sans contestation, des difficultés pour les échanges commerciaux. Cela permet de comprendre la solution proposée par Allais, qui est celle de la fusion du GATT et du FMI dans une seule organisation, puisque « chacune des ces institutions a [...] pour objet de faciliter les échanges internationaux, et de s'opposer aux distorsions indues de concurrence et à l'apparition de déséquilibres pervers » (voir [46]). Cette position est aux antipodes de celle de Dunkel (secrétaire général du GATT de 1980 à juillet 1993) qui déclare : « Je ne nie pas le problème du lien entre commerce et monnaie, mais ce n'est pas au GATT de s'en occuper, c'est celui du FMI. » (Voir [47], p. 7.) Pour que ce problème soit résolu, quel que soit l'arrangement institutionnel retenu, il faudrait supposer que les nations ont le pouvoir d'influencer le niveau et la stabilité des taux de change, alors que les enseignements de l'histoire économique tendent à démontrer l'inverse. Les firmes ont appris, depuis 1971, à vivre avec l'instabilité des taux de change, sans que les transactions internationales soient perturbées.

4. Le régionalisme et les échanges internationaux

La constitution de blocs régionaux sous forme de zone de libre-échange est possible au sein de l'Accord général (voir chapitre II, *supra*). Cependant, au-delà de leur approbation par les instances du GATT, la création de ces ensembles risque de conduire à un fractionnement de l'espace mondial en sous-ensembles, fortement intégrés intérieurement, mais avec des liens faibles avec le reste du monde (voir [48]). Une telle tendance serait contradictoire avec le principe du multilatéralisme et ferait courir des risques à la mondialisation des échanges.

Les principales zones

L'espace économique intégré le plus connu et dont la réussite est avérée est la CEE. Cette expérience européenne est cependant loin d'être la seule ; parmi les plus importantes en voie de constitution dans le seul continent américain, il faut citer la NAFTA (en français l'ALENA, Association de libre-échange nord-américaine, qui doit unir le Canada, les États-Unis et le Mexique) ou encore le MERCOSUR (Marché commun du Sud entre l'Argentine, le Brésil, le Paraguay et l'Uruguay). De plus, au-delà de ces zones de libre-échange officiellement constituées, des blocs régionaux tendent à se créer, par exemple avec les pays de l'Est autour de la CEE ou avec des pays asiatiques autour du Japon.

Lorsqu'une zone de libre-échange se constitue, il existe une tendance forte au détournement des échanges internationaux : les échanges intra-zone se développent plus rapidement que les échanges de la zone avec le reste du monde et surtout les premiers se substituent aux seconds. La constitution de blocs régionaux va donc à l'encontre de la mondialisation des échanges en conduisant à un repli des différents groupes de pays sur eux-mêmes.

Ce risque existe d'autant plus que les pays de la zone sont complémentaires : la constitution de la NAFTA va permettre aux États-Unis de bénéficier intensivement de la main-d'œuvre bon marché du Mexique (les coûts salariaux du Mexique sont environ six fois plus faibles que ceux des États-Unis et, au même niveau, voire légèrement inférieurs à ceux des nouveaux pays industrialisés d'Asie du Sud-Est) dans les secteurs traditionnels touchés par la concurrence asiatique. Si de telles stratégies sont effectivement mises en place, le commerce entre l'Asie et l'Amérique du Nord serait remis en cause pour les produits à l'origine du développement des pays d'Asie du Sud-Est.

Blocs régionaux et commerce dirigé

Les nations regroupées dans des blocs régionaux risquent également de développer le « commerce dirigé » *(managed trade)*, une forme de régulation particulière des flux commerciaux qui s'est établie dans les relations avec le Japon. C'est ainsi que des accords entre la CEE et le Japon dans le secteur automobile, et des États-Unis avec le Japon conduisent à la fixation d'objectifs quantitatifs que doivent atteindre les exportations selon un calendrier convenu entre les deux parties.

C'est en septembre 1986 que les États-Unis ont signé un accord avec le Japon au terme duquel celui-ci devait assurer aux importations américaines 20 % du marché intérieur japonais des semi-conducteurs à la fin de 1992. La réalisation de cet objectif a été surveillée de près par les États-Unis qui sont arrivés, en définitive, à leurs fins. Il s'agit, dans ce cas, selon l'expression de Bhagwati, d'une « expansion volontaire des importations » (voir [2], p. 89). En sens inverse, la CEE a négocié en juillet 1991 un accord avec le Japon qui prévoit un accès limité des automobiles nippones au marché européen jusqu'en 1999, date à laquelle les importations devraient être libres. Dès sa signature, cet accord a fait l'objet d'interprétations divergentes par les deux parties, à propos du traitement des productions réalisées en Europe par les firmes japonaises (faut-il ou non les considérer dans le volume global des importations ?), mais aussi sur la répercussion des baisses du marché sur les quantités négociées.

La logique de protection entourant la constitution de blocs régionaux ne pourrait que pousser à la généralisation du commerce dirigé et, donc, contribuer à la fin des efforts de libéralisation des échanges entrepris depuis 1947. C'est pour ces raisons que Bhagwati suggère que, sous l'égide du GATT, l'accent soit mis sur l'importance des échanges interzones et que soit prévu le libre accès de nouvelles nations aux unions régionales (voir [41]).

Il existe donc, dans les années quatre-vingt-dix, des facteurs objectifs, comme les variations des taux de change, et politiques, comme la politique commerciale des États-Unis, qui sont de nature à perturber les échanges internationaux. Au-delà des problèmes rencontrés par les négociations de l'Uruguay Round, la question qui se pose est de savoir si le GATT pourra intégrer ces éléments, en adaptant ses règles et en préservant ses objectifs fondamentaux. Le passage du GATT à l'OMC n'apporte aucune réponse à cette interrogation. En revanche, elle est au centre des négociations qui vont suivre l'Uruguay Round.

Conclusion

Le GATT fait l'objet, dans les années quatre-vingt-dix, de remises en cause fortes : certains auteurs s'interrogent pour savoir s'il mérite un acharnement thérapeutique (voir [44]) ; d'autres déclarent qu'il doit mourir (voir [36]). En fait, ces opinions reposent sur une confusion : lorsque Alain Gomez écrit que le GATT doit mourir, c'est le libre-échange qui est visé.

Les entrepreneurs qui attaquent le libre-échange raisonnent exclusivement à partir de l'expérience de leur secteur et ne considèrent que les importations qui concurrencent leurs productions. Ce faisant, ils oublient qu'eux-mêmes produisent grâce à des biens intermédiaires importés et qu'ils vendent leurs productions sur d'autres marchés étrangers. Le véritable problème que pose la concurrence étrangère est celui de l'ajustement de l'économie, c'est-à-dire du passage de productions dépassées à celles adaptées aux conditions de la concurrence internationale. Or, cet ajustement a un coût important et implique des délais : la question est celle de son financement et de la gestion des mobilités qu'il implique.

De plus, le GATT n'est pas l'incarnation du libre-échange, mais celle de la libéralisation des échanges internationaux, par l'obligation de négocier entre les parties contractantes ; le distinguo peut paraître subtil, mais il est d'importance.

Arthur Dunkel, secrétaire général du GATT entre 1980 et juillet 1993, expose le rôle du GATT en insistant sur une autre dimension : « L'accord du GATT vise certes l'ouverture des marchés, mais surtout et d'abord la définition de principes clairs permettant aux entrepreneurs, aux commerçants et aux consommateurs de bénéficier d'une concurrence dont chacun connaît les règles du jeu. » ([47].) Cette vision rencontre une idée qui tend à se répandre dans les années quatre-vingt-dix : la volonté de transformer le GATT en une véritable organisation internationale, chargée de faire respecter des principes fondamentaux garantissant la loyauté des échanges.

La création de l'OMC est présentée comme un pas dans ce sens, mais au-delà des institutions, l'existence d'une concurrence internationale loyale dépend essentiellement de la volonté des nations.

Puisque l'Uruguay Round est loin d'avoir réglé tous les problèmes, l'avenir des relations économiques internationales est suspendu à de nouvelles négociations ainsi qu'à l'application de bonne foi des accords ratifiés à Marrakech le 15 avril 1994. De ce point de vue, l'attitude des États-Unis et en particulier l'usage ou non de la section super 301 est un baromètre permettant d'apprécier si les tentations protectionnistes triomphent ou non (voir p. 110). Or, avant même la ratification de l'Uruguay Round, les États-Unis ont montré leur détermination à agir de manière unilatérale.

En février 1994, les statistiques américaines ont révélé que le déficit commercial des États-Unis avec le Japon a atteint, en 1993, le chiffre record de 59,3 milliards de dollars. En réaction, le président des États-Unis a décidé, le 3 mars 1994, de rétablir les dispositions de la section super 301 afin de déterminer, par produit et par pays, les cas de « concurrence déloyale » dont seraient victimes les exportations américaines. Conformément aux principes de la réglementation américaine, le Japon n'est pas explicitement visé (une investigation doit être menée pendant six mois pour identifier les mesures déloyales), mais la coïncidence entre les deux événements ne laisse pas de place au doute sur le fondement de l'action des États-Unis.

En effet, États-Unis et Japon mènent, à l'instigation des premiers, des négociations bilatérales ayant pour but d'assurer un meilleur accès des produits américains au marché japonais, les Américains réclamant des objectifs chiffrés, sur le modèle de l'accord passé pour les semi-conducteurs. C'est ce qui a été refusé par le Japon lors d'un « sommet » tenu le 11 février 1994.

Ce conflit et les moyens utilisés pour le résoudre sont révélateurs de la persistance des tensions et de la fragilité de l'accord obtenu en conclusion de l'Uruguay Round. Les États-Unis affirment ainsi leur refus du cadre multilatéral : si le Japon augmente ses achats aux États-Unis, il est tout à fait possible que cela se fasse au détriment des autres nations. C'est là la caractéristique du « managed trade » (voir p. 116). Le problème serait donc simplement déplacé vers d'autres partenaires commerciaux du Japon. Par ailleurs, cette pratique confirme le caractère agressif de la politique commerciale américaine, dénoncé par les autres nations.

Ainsi, les avancées dans la libéralisation des échanges internationaux obtenues le 15 décembre 1993 sont fragiles : lorsque des problèmes se manifestent, la tentation de mesures offensives, en faveur des exportations, ou défensives, contre les importations demeure la plus forte. Ceci peut s'expliquer par les pressions émanant des électeurs sur les gouvernements : le contexte économique général, et en particulier le niveau de chômage reste la variable déterminante en matière de politique commerciale. Les tensions qui se sont manifestées au sein du GATT et qui verront le jour dans l'OMC ne sont donc que le reflet d'autres problèmes, sur lesquels le commerce international n'a qu'une influence limitée. Il est possible de parier, sans aucun risque, qu'une reprise généralisée de la croissance mondiale sera favorable à une nouvelle libéralisation des échanges internationaux. Les accords de l'Uruguay Round peuvent contribuer à cette reprise de la croissance, mais d'une manière très limitée. En revanche, la persistance d'une croissance faible accompagnée d'un chômage élevé ne peut conduire qu'à un renouveau durable des entraves au commerce international.

Repères bibliographiques

[1] RAINELLI M., *Le Commerce international*, La Découverte, coll. « Repères », Paris, 1994.
[2] BHAGWATI J., *Protectionnisme*, The MIT Press, Cambridge, 1988, trad. franç., Dunod, Paris, 1990.
[3] KENWOOD A.G. et LOUGHEED A.L., *The Growth of the International Economy, 1820-1980*, George Allen & Unwin, Londres, 1983.
[4] ASSELAIN J.-Ch., *Histoire économique de la France du XVIIIe siècle à nos jours*, vol. 1, Le Seuil, coll. « Point », Paris, 1984.
[5] VERLEY P., *Nouvelle Histoire économique de la France contemporaine*, vol. 2, *L'Industrialisation (1830-1914)*, La Découverte, coll. « Repères », Paris, 1989.
[6] GIDE C. et RIST C., *Histoire des doctrines économiques*, 7e éd., vol. 1, Sirey, Paris, 1947.
[7] LELART M., *Le Système monétaire international*, La Découverte, coll. « Repères », Paris, 1993.
[8] JOUANNEAU D., *Le GATT*, 2e éd., PUF, « Que sais-je ? », Paris, 1987.
[9] JACKSON J., *The World Trading System. Law and Policy of International Economic Relations*, The MIT Press, Cambridge, Mass., 1983 (2e éd.).
[10] KOSTECKI M., « Le système commercial et les négociations multilatérales », *in* MESSERLIN P. et VELLAS F. (éd.), *Conflits et négociations dans le commerce international. L'Uruguay Round*, Economica, Paris, 1989.
[11] KRUGMAN P.R. et OBSTFELD M., *Économie internationale*, trad. franç, De Boeck Université, Bruxelles, 1992.
[12] FEENSTRA R.C., « Automobiles Prices and Protection : The US-Japan Trade Restraint », *in* SALVATORE D. (éd.), *The New Protectionist Threat to World Welfare*, Elsevier, New York, 1987.
[13] GATT, *Examen des politiques commerciales. États-Unis*, vol. I, Rapport du secrétariat du GATT, Genève, juillet 1992.
[14] UNITED NATIONS CENTRE ON TRANSNATIONAL CORPORATIONS, *World Investment Report 1991. The Triad in Foreign Direct Investment*, United Nations, New York, 1991.
[15] BALCET G., « Politique de contenu local et stratégies des firmes multinationales », *in* CELIMENE F. et MUCCHIELLI J.L. (éd.), *Mondialisation et régionalisation. Un défi pour l'Europe*, Economica, Paris, 1993.
[16] MAGNUSSON P. et TREECE J.B., « Honda, is it an American Car ? », *Business Week*, 18 novembre 1991.
[17] KRUGMAN P., « The US Response to Foreign Industrial Targeting », *Brookings Papers on Economic Activity*, n° 1, 1984.
[18] RAINELLI M., *Économie industrielle*, 2e éd., Dalloz, Paris, 1993.
[19] BANETH J., « Le GATT et les accords régionaux », *in* CELIMENE F. et MUCCHIELLI J.L. (éd.), *Mondialisation et régionalisation. Un défi pour l'Europe*, op. cit., Paris, 1993.
[20] HENRY G.-M., *Dynamique du commerce international. Nouveau protectionnisme ou libre-échange ?*, Éd. Eyrolles, Paris, 1992.
[21] GATT, *Les Négociations commerciales multilatérales du Tokyo Round*, Genève, avril 1979.
[22] PATTERSON E., « L'Uruguay Round et l'élaboration de la politique commerciale des États-Unis », *in* MESSERLIN P. et VELLAS F. (éd.), *Conflits et négociations dans le commerce international. L'Uruguay Round*, op. cit.

[23] LANDAU J.-P., REY J.-L. et ROUSSEL A., « Réflexions sur l'Uruguay Round », Économie prospective internationale, n° 32, 4ᵉ trimestre 1987.
[24] JACOB R., « Export Barriers the US Hates More », Fortune, 27 février 1989.
[25] DUNKEL A., interview dans Libération du 4 décembre 1992.
[26] PHILIPPE B., « L'Europe verte en mutation dans les négociations commerciales multilatérales », in MESSERLIN P. et VELLAS F. (éd.), Conflits et négociations dans le commerce international. L'Uruguay Round, op. cit.
[27] ***, « Le Japon et les négociations du GATT », Géopolitique, n° 41, printemps 1993.
[28] GUYOMARD H., MAHÉ L.-P., QUINQU M. et TAVÉRA C., « L'agriculture au GATT : la proposition américaine d'octobre 1989 », Économie prospective internationale, n° 45, 1ᵉʳ trimestre 1991.
[29] « GATT et PAC, le dilemme agricole », Conjoncture, bulletin de Paribas, janvier 1992.
[30] GADREY J., L'Économie des services, La Découverte, coll. « Repères », Paris, 1992.
[31] SAPIR A., « Les transactions internationales de services : aspects positifs et normatifs », in MESSERLIN P. et VELLAS F. (éd.), Conflits et négociations dans le commerce international. L'Uruguay Round, op. cit.
[32] RAINELLI M., Les Investissements étrangers aux États-Unis, Economica, Paris, 1990.
[33] LABICH K., « Airbus Takes off », Fortune, 1ᵉʳ juin 1992.
[34] ABEHSERA D., « Les échanges Europe-États-Unis dans le domaine aéronautique », Géopolitique, n° 41, printemps 1993.
[35] BALDWIN R. et KRUGMAN P., « Industrial Policy and International Competition in Wide-Bodied Jet Aircraft », in BALDWIN R. (éd.), Trade Policy Issues and Empirical Analysis, University of Chicago Press, Chicago, 1988.
[36] GOMEZ A., « Le GATT doit mourir », Le Monde, 28 novembre 1992.
[37] RAINELLI M., « L'économie industrielle internationale : vers la constitution d'une nouvelle discipline », Revue d'économie industrielle, n° 55, 1ᵉʳ trimestre 1991.
[38] KRUGMAN P., « The Narrow and Broad Arguments for Free Trade », American Economic Review, vol. 83, mai 1993.
[39] BALDWIN R., « Are Economists' Traditional Trade Policy Views Still Valid ? », Journal of Economic Litterature, vol. 30, juin 1992.
[40] COUGHLIN C., « U.S. Trade-Remedy Laws : Do They Facilitate or Hinder Free Trade ? », Federal Bank of St. Louis Review, juillet 1991.
[41] BHAGWATI J., The World System at Risk, Wheatsheaf, Harvester, 1991.
[42] CHAMBER OF COMMERCE OF THE UNITED STATES, The Omnibus Trade and Competitiveness Act of 1988. A Straightforward Guide to Its Impact on U.S. and Foreign Business, Washington, 1988.
[43] DOWD A., « What to Do about U.S. Trade Policy », Fortune, 8 mai 1989.
[44] CASSAIGNE J., « Le GATT mérite-t-il un acharnement thérapeutique ? », Géopolitique, n° 41, printemps 1993.
[45] PLIHON D., Les Taux de change, La Découverte, coll. « Repères », Paris, 1991.
[46] ALLAIS M., « Libre-échangisme mondial. Les perversions monétaires », Le Figaro, 23 juin 1993.
[47] DUNKEL A., « Le rêve d'un système commercial universel », Géopolitique, n° 41, printemps 1993.
[48] BOURGUINAT H., « L'émergence contemporaine des zones et blocs régionaux », in CELIMENE F. et MUCCHIELLI J.L. (éd.), Mondialisation et régionalisation. Un défi pour l'Europe, op. cit.

Table

INTRODUCTION..	3
I / LES POLITIQUES COMMERCIALES AVANT LE GATT...............	5
1. Libre-échange et protectionnisme au XIX⁰ siècle.............	6

L'adoption du libre-échange, 7. — Le libre-échange en Grande-Bretagne, 7. — Les politiques commerciales des grandes nations continentales, 8. — *Le retour du protectionnisme*, 10. — La défense du protectionnisme, 10. — Protectionnisme et crise, 11.

  2. Le protectionnisme dans l'entre-deux-guerres 12

La sortie de guerre, 12. — *Le protectionnisme et la crise de 1929*, 13.

II / L'INSTITUTION GATT.....................................	15
1. Le GATT et les autres institutions	15

Le Fonds monétaire international, 16. — *La Banque internationale pour la reconstruction et le développement*, 17. — *La charte de La Havane et l'Organisation internationale du commerce*, 17.

  2. Les structures du GATT 19

Les nations adhérant au GATT, 19. — *Les instances du GATT*, 20. — Les sessions des parties contractantes, 21. — Le Conseil du GATT, 21. — Le directeur général et le secrétariat, 22.

  3. Le fonctionnement du GATT 23

Les obligations des parties contractantes, 24. — Les obligations centrales, 24. — Le code de conduite, 24. — *Les exceptions aux obligations*, 26. — Les produits bénéficiant de règles exceptionnelles, 26. — Les nations bénéficiant de règles exceptionnelles, 28. — La constitution de zones de libre-échange ou d'unions douanières, 30. — *Les méthodes de travail du GATT*, 31. — Le règlement des différends, 31. — Les cycles de négociations commerciales, 35.

III / LES INSTRUMENTS DU PROTECTIONNISME ET LEURS EFFETS	36
1. Les droits de douane	36

Les différents droits de douane, 37. — *Coûts et bénéfices liés à un tarif douanier*, 37.

123

   2. Les restrictions quantitatives à l'importation 40
     Les différentes formes des restrictions quantitatives, 40. — *Coûts et bénéfices liés à un quota*, 43.
   3. Les normes et les mesures administratives 45
   4. Les mesures concernant les investissements et liées au commerce (TRIM) 46
     Les différentes mesures, 46. — *Les normes de contenu local*, 47.
   5. Les subventions 48
     Les différentes formes de subvention, 49. — *Politique industrielle et politique commerciale*, 50.

IV / Les négociations multilatérales de 1947 à 1986 54
   1. Des négociations de Genève à celles du Dillon Round 56
     Les méthodes de négociation, 56. — *Les résultats des négociations*, 57.
   2. Le Kennedy Round 58
     Les méthodes de négociation, 59. — *Les résultats des négociations*, 59.
   3. Le Tokyo Round 61
     La préparation des négociations, 61. — *Le contenu des négociations*, 64. — *Les résultats des négociations*, 66.

V / L'Uruguay Round 68
   1. Situation des échanges mondiaux et NCM 69
     Nations déficitaires et nations excédentaires, 69. — *Les thèmes de la négociation*, 70. — *Les groupes de négociation sur les marchandises*, 70. — *Les groupes de négociation sur les services*, 72. — *Les règles et le fonctionnement du GATT*, 73. — *Le déroulement des négociations*, 75.
   2. Les négociations agricoles 77
     Les intérêts en présence, 77. — Les communications devant le groupe de négociation de l'Uruguay Round, 78. — Les caractéristiques des pays concernés, 80. — Le conflit État-Unis-CEE, 81. — *Le déroulement des négociations*, 83. — Le conflit sur les oléagineux, 84. — L'accord de novembre 1992 (dit de Blair House), 85. — *Le résultats des NCM*, 86.
   3. La négociation sur les services 87
     Les intérêts en présence, 87. — *Les oppositions à la négociation*, 87. — *Les exportateurs de services*, 88. — *Le déroulement des négociations*, 89. — *Les résultats des NCM*, 91.
   4. Les réformes institutionnelles 92
     Les différents accords de l'Uruguay Round, 92. — *L'Organisation multilatérale du commerce (OMC)*, 94.

VI / Protection, libre-échange et GATT dans les années quatre-vingt-dix 100
   1. Les nouveaux déterminants des échanges internationaux 101
     La remise en cause des théories traditionnelles, 101. — *L'explication des échanges internationaux par les nouvelles théories*, 102. — *Les implications des nouvelles théories sur les politiques commerciales*, 103.

2. La concurrence déloyale et la réglementation américaine 104
  Les pratiques déloyales, 104. — *La législation commerciale des États-Unis*, 107. — Les dispositions de la réglementation américaine, 107. — Les sections 301 et « super-301 », 108. — *Les dispositions américaines et les principes du GATT*, 111.
  3. Fluctuations des taux de change et commerce international 112
  Obstacles réels et obstacles monétaires aux échanges, 112. — *Variations des taux de change et promotion des exportations*, 114.
  4. Le régionalisme et les échanges internationaux 115
  Les principales zones, 115. — *Blocs régionaux et commerce dirigé*, 116.

Conclusion 118

Repères bibliographiques 121

Liste des encadrés 125

Liste des encadrés

Le traité franco-anglais de 1860	9
L'échec de l'Organisation internationale du commerce	18
La CNUCED et le GATT	29
Le différend Canada-États-Unis relatif à la bière	32
Les restrictions volontaires d'exportations des firmes japonaises de l'automobile aux États-Unis	41
Négociations internationales et politique commerciale américaine	63
Les groupes de négociations de l'Uruguay Round	71
Le conflit Europe-États-Unis dans l'aéronautique	96

Plusieurs titres de la collection Repères permettent de compléter ce livre :

Le commerce international — La dette des tiers mondes — Le dollar — L'économie de l'Afrique — L'économie des Etats-Unis — L'économie mondiale de l'énergie — L'économie mondiale des matières premières — L'économie des services — L'Europe monétaire — Le FMI — La nouvelle microéconomie — Les relations Nord-Sud — Le système monétaire international — Les taux de change — Les théories économiques du développement. — Le tiers monde. — L'économie mondiale 1994, par le CEPII dont une édition entièrement nouvelle paraît chaque année en septembre.

Dans la collection "Repères"

L'affaire Dreyfus, V. Duclert.
L'analyse de la conjoncture, J.-P. Cling.
Les banques, C.J. Simon.
Les biotechnologies, C. Ducos et P.-B. Joly.
La Bourse, M. Durand.
Le budget de l'État, M. Baslé.
Le calcul économique, B. Walliser.
Le capitalisme historique, I. Wallerstein.
Les catégories socioprofessionnelles, A. Desrosières et L. Thévenot.
Le chômage, J. Freyssinet.
Le commerce extérieur de la France, F. Milewski.
Le commerce international, M. Rainelli.
Le comportement électoral des Français, C. Ysmal.
La comptabilité en perspective, M. Capron.
La comptabilité nationale, J.-P. Piriou.
La consommation des Français, N. Herpin et D. Verger.
La crise dans les pays de l'Est, M. Drach.
La décentralisation, X. Greffe.
La démographie, J. Vallin.
La dette des tiers mondes, M. Raffinot.
Le dollar, M. Fouet.
L'économie britannique depuis 1945, V. Riches.
L'économie de l'Afrique, P. Hugon.
L'économie de la RFA, M. Demotes-Mainard.
L'économie de l'URSS, G. Duchêne.
L'économie des États-Unis, M. Fouet.
L'économie des organisations, C. Ménard.
L'économie des services, J. Gadrey.
L'économie mondiale, D. Auvers.
L'économie mondiale 1993, CEPII.
L'économie mondiale 1994, CEPII.
L'économie mondiale de l'énergie, J.-M. Martin.
L'économie mondiale des matières premières, P.-N. Giraud.
L'économie néo-classique, B. Guerrien.
L'emploi en France, D. Gambier et M. Vernières.
Les employés, A. Chenu.
L'ergonomie, M. de Montmollin.

L'Europe, C. Hen et J. Léonard.
L'Europe monétaire, J.-P. Patat.
La faim dans le monde, S. Bessis.
Le FMI, P. Lenain.
La formation professionnelle continue, Cl. Dubar.
Le GATT, M. Rainelli.
Histoire de l'Algérie coloniale (1830-1954), B. Stora.
Histoire de la guerre d'Algérie (1954-1962), B. Stora.
Histoire de l'Algérie depuis l'indépendance, B. Stora.
Histoire de la philosophie, C. Ruby.
Histoire de la sociologie
  1. Avant 1918, C.-H. Cuin et F. Gresle.
  2. Depuis 1918, C.-H. Cuin et F. Gresle.
L'histoire des États-Unis depuis 1945, J. Portes.
Histoire du radicalisme, G. Baal.
L'histoire en France, ouvrage collectif.
L'immigration, E. Mestiri.
L'indice des prix, J.-P. Piriou.
L'industrie française, N. Holcblat et M. Husson.
Inflation et désinflation, P. Bezbakh.
Introduction à la microéconomie, G. Rotillon.
Introduction à l'économie de Marx, P. Salama et T. H. Hac.
L'Islam, A.-M. Delcambre.
Les jeunes, O. Galland.
La justice en France, D. Vernier.
Les médecins, M. Arliaud.
Les menaces globales sur l'environnement, S. Faucheux et J.-F. Noël.
Méthodologie de l'investissement dans l'entreprise, D. Fixari.
La mobilité sociale, D. Merllié et J. Prévot.
Le modèle japonais de gestion, A. Bourguignon.
La monétique, N. Dinçbudak et U. Müldür.
La monnaie et ses mécanismes, M. Béziade.
Les nouveaux produits financiers, J. Régniez.

La nouvelle économie chinoise, F. Lemoine.
Nouvelle histoire économique de la France contemporaine :
1. L'économie préindustrielle (1750-1840), J.-P. Daviet.
2. L'industrialisation (1830-1914), P. Verley.
4. L'économie ouverte (1948-1990), A. Gueslin.
La nouvelle microéconomie, P. Cahuc.
Les nouvelles théories du marché du travail, A. Perrot.
L'ONU, M. Bertrand.
Le patrimoine des Français, A. Babeau.
La philosophie de Marx, É. Balibar.
La population française, J. Vallin.
La population mondiale, J. Vallin.
La presse en France, Y. Guillauma.
La protection sociale, N. Murard.
La publicité, A. Mattelart.
Les relations Nord-Sud, C. Comeliau.
Les revenus en France, Y. Chassard et P. Concialdi.
Le revenu minimum garanti, C. Euzéby.
La science économique en France, ouvrage collectif.
Les sciences de l'éducation, É. Plaisance et G. Vergnaud.
Sociologie de l'emploi, M. Maruani et E. Reynaud.

La sociologie en France, ouvrage collectif.
Les sondages d'opinion, H. Meynaud et D. Duclos.
Les stratégies des ressources humaines, B. Gazier.
Le syndicalisme en France depuis 1945, R. Mouriaux.
Le système éducatif, M. Vasconcellos.
Le système monétaire international, M. Lelart.
Tableau de bord de la planète, Worldwatch Institute.
Les taux de change, D. Plihon.
La télévision, A. Le Diberder et N. Coste-Cerdan.
La théorie de la décision, R. Kast.
Les théories des crises économiques, B. Rosier.
Les théories du salaire, B. Reynaud.
Les théories économiques du développement, E. Assidon.
Le tiers monde, H. Rouillé d'Orfeuil.
Travail et travailleurs aux États-Unis, M. Debouzy.
Travail et travailleurs en Grande-Bretagne, F. Eyraud.
Les travailleurs sociaux, J. Ion et J.-P. Tricart.
L'urbanisme, J.-F. Tribillon.

« Guides Repères »

L'art du stage en entreprise, Michel Villette.
L'art de la thèse, Michel Beaud.
Voir, comprendre, analyser les images, Laurent Gervereau.

La collection « Repères »
est animée par Jean-Paul Piriou
avec Bernard Colasse, Françoise Dreyfus,
Hervé Hamon, Dominique Merllié
et Christophe Prochasson.

Composition Facompo, Lisieux (Calvados)
Achevé d'imprimer en mars 1994
sur les presses de l'Imprimerie Carlo-Descamps,
Condé-sur-l'Escaut (Nord)
Dépôt légal : mars 1994
N° d'imprimeur : 8516
Troisième tirage
ISBN 2-7071-2247-5